先生が足りない

先生が足りない

氏岡真弓

岩波書店

目次

第二章　先生不在の学校現場 …… 37

第一章　教員不足の「穴」の広がり

なぜなんだろう。

無風の一面トップ記事

二〇一一年一月一〇日、正月の仕事始めから数日たった月曜日。半年がかりで取材した記事が朝日新聞に載った(図1-1)。

朝刊の一面トップと二面での扱いだ。なのに、反応がほとんどない。

横見出しで「先生欠員　埋まらない　産育休・病休」。縦に「全国800件超、自習も」「授業なく試験中止／少人数指導できず」。

先生が産休(産前産後休業)・育休(育児休業)や病休(病気休暇)をとろうとしても、代わりの先生がいない。そのため、授業ができない、自習になっている学校もある。そんな中身だった。

「先生がいない」という異変が起きている。

どのくらい足りないのか。不足はどこに生じているのか。それをつかもうと、教員の採用を担っている全都道府県・政令指定都市の教育委員会に一カ所ずつ電話して担当者を教えてもらい、調査票を郵送し、回答してもらって集計した。記事は、その結果だった。

全自治体のデータをそろえるには、手間がかかる。「答えない」と言う担当者がいれば、普段の取材の合間に説得し、やっと全部の答えが集まった。

月曜日　朝日新聞　1892年3月11日第3種郵便物認可　©朝日新聞社 2011年　44793号（日刊）

先生欠員 埋まらない

全国800件超、自習も

教員が産休・育休や病気・介護休暇に入った際、代わりの教員が間に合わないケースが、各地の公立小中学校に広がっている。朝日新聞が全都道府県・指定市の教育委員会に取材したところ、昨年度、全国で約800件に上っていたことがわかった。手当ての付かないコマを自習にするなど現場に混乱が起きている。（編集委員・氏岡真弓）
＝2面に不足の背景

調査したのは、2009年度に①教員が産休、育休に入った際、その当日に代わりの教員が着任できなかった件数と、②病気や介護休暇で欠員が出ても代わりの教員が1カ月以上来なかった件数。その結果、大阪府を除くと①は304件、②は486件に上った。

大阪府は1年間の合計件数ではなく、毎月1日現在ごとの件数を合算した形で回答した。産育休の代替が間に合わ

小中学校の正規・非正規教員の人数と免許授与件数　いずれも文部科学省調べ

代わりの教員の手当てが間に合わなくなるのは…

産育休・病休
授業なく試験中止／少人数指導できず

広島県呉市のある中学校は2010年5月、1年生の中間試験で理科のテストができなかった。理科の教員が4月末から病気休暇に入ったが、代わりの教員が間に合わず、穴が埋まったのは6月だった。その間、空いた時間は自習や他の教科の授業をしてしのいだものの、肝心の理科の授業はできなかった。「学力向上といいながら教師がおらず、授業ができないとは信じがたい」と保護者の一人は話す。

中学校では教科ごとに専門の教師が教えるので、代替になれるのは同じ教科の免許を持つ教員だけだ。「特に理数、技術などは免許保有者が少なく、探すのが難しい」と呉市教委は話す。

代替が間に合わずに穴が開く状況が最も深刻な大阪府。府南部の中学校で09年の夏休み、校長室に2年の男子生徒が相次いで入ってきた。「少人数授業でせっかくわかるようになったのに」。欠員を何とかしてほしいという訴えだった。この学校は1、2年生の数学で二つのクラスを三つに分けて少人数にし、習熟度別指導をしていた。ところが担当の非正規教員が体調を崩して8月末に退職。少人数指導の態勢が組めなくなっていた。10月にやっと代替の20代の教員が来たが、1週間足らずでやめ、その後任は結局来ずじまいだった。

2011年（平成23年）
1月10日
月曜日
成人の日

朝日新聞東京本社　発行所：〒104-8011 東京都中央区築地5-3-2　電話：03-3545-0131　www.asahi.com

The Asahi Shimbun GLOBE
写真は死んでいくのか
デジタル技術が急速に進んできた昨今、真実を写し出すはずの「写真」は、茫漠（ぼうばく）たる「画像」の海に沈んでいるようにも見える。写真は、かつてのような輝きを取り戻せるのか？国内外で活躍する写真家11人の代表作と肖像を通して、その将来について考えた。（G1～G6）
センター8ページ　抜き出してお読み下さい。

ラグビー　帝京大が早大破り2連覇
大学ラグビー日本一は今年も帝京大――。第47回全国大学選手権決勝で早

図 1-1　2011 年 1 月 10 日付，朝日新聞 1 面「先生欠員 埋まらない」の記事

その記事に、こう書いた。「こうした数字は文部科学省も把握しておらず、実数が明らかになったのは初めて」

原稿は、実は年内にはできあがっていた。ただ、その日に発生した「日付もの」の記事が相次ぎ、なかなか一面が空かない。そもそも教育を扱った正月企画が日々、一面を占めていた。筆者自身、その取材をまとめるキャップだった。

連載が終わって、やっと一面トップ

のスペースが空いた。このタイミングしかない、と思い、出した記事だった。

自分が書いた記事が大きく扱われた場合、その日の朝は、読者から間違いの指摘がないか、どんな反応があるのか、どきどきする。一面トップとなると、ふだんなかなか掲載されない特別な扱いの記事であるだけに、いっそう、そうだ。しかし。

読者からは、ほとんど反応がなかった。事例を取材した先生方から「載ってよかったですね」というメールが数通、届いただけだった。なぜなんだろう。なぜ反応がないんだろう。

なぜなのか。一〇年たったいまなら、少し推測できる。

「先生欠員」の「先生」が非正規教員だからだ。正規の教員までいないという話ではない。代役の先生、非正規の教員がいないという話だからである。

非正規の教員は、正規教員がたとえば産休・育休や病休をとったとき、代わりに子どもの前に立つ。あるいは少人数指導の授業に入り、正規教員とともに指導する。その役割は、自治体の担当者からは「代役」「リリーフ」「サブ」などと呼ばれている。

ここで言う「非正規教員」について、特に定義があるわけではない。

大まかに言えば、正規教員と同じ時間帯、朝から夕方まで働き、学級担任も務めることができるフルタイムの「常勤講師」(臨時的任用教員)と、授業を担当するが、その時間以外は原則、勤務しないことになっているパートタイムの「非常勤講師」がいる。「常勤講師」は「臨任」「臨採」……などと呼ばれ、その名前も自治体によって違う。

おそらく読者はふだん、正規教員は意識しても、その代役の教員の存在までは意識していなかっただろう。そして記事を読み、「なんだ、先生がいないというのではなく、その代わりがいないというだけか」と思ったのではないか。

それから一〇年あまりたっても、正規教員は不足していない。足りないのは非正規教員である。なのに、なぜ、いまになって、この問題にスポットライトが当たっているのか。それは、教員をめぐる問題群が、非正規教員が配置されていないという問題に集中して現れているからだろう。

過労死ライン超えが当たり前の「ブラックな職場」、教員志望者の減少、正規教員の採用試験の倍率低下。これらの問題はかかわり合い、重なり合っている。たとえば、多忙化が要因の一つとなって志願者が減り、採用試験の倍率が下がり、採用の門戸が広がれば、非正規教員も正規教員になりやすくなり、新たに非正規教員を雇おうとしても足りない……。こんな具合だ。

それらの問題を包み込むのが「教員不足」という言葉である。正規教員の採用試験の倍率低下や受験者の減少という「不足」に近い現象をも含めて、「教育の危機」を訴える。非正規教員の「欠員」「未配置」「穴」……。代わりの教員が来ない状態を示すさまざまな表現も「不足」というわかりやすいイメージで包含する。文科省もこの言葉を使っている。ただ、わかりやすい表現は、かえってその実態を見えなくしがちだ。それらの問題を考えるうえで、まず必要なのは、何が起きているのか状況を把握し、足りないメカニズムを明らかにし、対策を練る。そんな地道な作業のはずだ。

自習どころか中間テストもできない

非正規教員が足りていないという問題について、初めて耳にしたのは二〇〇七年夏、全日本教職員組合(全教)の役員と、非正規教員について話していたときだった。

「代わりの先生もおらず、『穴』が空いている学校が出ているそうですよ」

非正規の教員について、筆者は特に矛盾の集中する非常勤講師が気になり、「非常勤先生が急増　細やか指導へ採用増　二年で一・四倍　待遇に課題も」(二〇〇六年四月一〇日夕刊)、「『非正規』戸惑う学校　生徒『放課後先生いない』　同僚教師『指導ぶつ切り』」(二〇一〇年一〇月二三日夕刊)、といった記事や、「非常勤先生」(二〇〇六年四月一四〜二〇日朝刊)などの連載も含めて何回か報道していた。

彼らはパートタイムのため、授業が終われば学校を後にする。放課後、子どもが質問に来ても、いない。また翌年四月も同じ学校で働けるかどうかわからない。しかし、子どもには言えない、その悲哀。職員会議での発言権も、なかなかない。夜は居酒屋でバイトもする。そんな先生たちが義務教育を支えていることを、読者に伝えたかった。

彼らの状況を詳しく把握していたのは、全教だった。全教は長く非正規教員の支援も重ねていた。彼らが教員採用試験に受かるように勉強会をしたり、面接の練習をしたりし、その動向に詳しかった。彼らは支援を受けながらも、なかなか採用試験に合格できずに、非正規教員を続けていた。そのため、非正規の先生が足りない、穴が空いている、と初めて聞いたとき、信じられなかった。

足りない？ 穴が空いている？ ほんとうだろうか。なぜだろう。

筆者の疑問はそこで止まった。

そうこうしているうちに二〇〇八年一一月、NHKが「クローズアップ現代」で「教育に穴が空く〜〝非正規〟教員 依存のひずみ〜」として、広島県で非正規教員が足りない実態を報じた。

ある中学校では、二学期に入って、理科の教員が病気で倒れたが、代わりの教員が見つからない。その結果、二年の全クラスの理科の授業が自習になった。教委も見つけられず学校で探すことになり、校長らがあちこち連絡しても見つからず、中間テストが実施できなかった。そんなエピソードが映像とともに紹介された。

衝撃だった。そんなことが起きていたのか。

校長や教員たちが顔を出して、窮状を訴えていた。そこまで困っているのだ、という現場の危機感が伝わってくる。

番組を見た筆者は、義務教育の網の目に「穴」が空いていることに、いまさらながら驚いた。義務教育は、すべての子どもたちの学ぶ権利を保障するものであるはずなのに、肝心の教員がいないという事態が許されていいはずはない。全教の役員からその話を耳にしながら、実際に調べなかった自分が恥ずかしかった。

同時に、これは広島だけの現象か、それとも各地にある現象なのか、と疑問を持った。

「なぜわざわざこんなことを調べるのか」

知りたい。どうすればわかるだろう。

まず文科省に問い合わせたが、そのような調査はないという。

「義務教育に穴が空いている。大変なことじゃないですか」と食い下がったが、当時の担当者は「そこまでの話じゃないですよ」「文科省ではなく、教員の採用を担当している都道府県の問題です。計画的に配置するように言っているのですが、できていないということでしょう」ということで終わった。つまり、国ではなく、地方の問題だという認識だ。

自分で調べるしかない。しかし、どうやって？

穴が空くのは、さまざまなケースがある。全教の役員に相談に乗ってもらい、まずは主なところを押さえようと、①教員が産休・育休に入ったとき代わりの先生がいない「産休・育休の場合」、②病気や介護のための休職で欠員が出ても代わりが来ない「病気や介護休職の場合」、に絞った。

ただ、事前に不足することがわかっている「産休・育休の場合」と、いきなり不足が生まれる可能性のある「病気や介護休職の場合」を同列に扱えるだろうか、と考えた。そこで、①産休・育休の場合は休みに入ったその当日に代わりの先生がいなかったケース、②病気や介護休職の場合は欠員が発生してから一カ月以上代わりの先生が来なかったケース、と差をつけた。

そうした点をQ&Aの形にして調査票を作り、二〇〇九年度について調べ始めたのが二〇一〇年六月のことだ。

新聞社の場合、こうした調査は複数の記者が担当することが多い。できるだけ早く結果を得ようとすれば、人海戦術をとることになる。具体的に言えば、調査票を作り、相手方に送り(当時はメールやファックスではなく郵送していた)、届いているかどうか確認する。締め切り近くになると、回答が寄せられているかを確かめ、まだのところには回答をお願いする。届いた回答結果を読み、内容に矛盾がある自治体には再度問い合わせる。そして結果を集計し、分析し、そこから何が言えるかを考える。最後に原稿を書く。こんな作業だ。

しかし、どんな実態が明らかになるか、そもそも記事にできるかどうかわからない調査に、仲間の記者まで巻き込むことはできない。そこで一人で作業をした。これが甘かった。

日常の取材を続けながら、各地の担当課に電話して回答をお願いした。「うちは不足していません」「なぜ、こんなことをわざわざ調べるのですか。講師はいつもいるとは限らない。たまたまのタイミングの問題なのに、やれ欠員だ、やれ穴が空いている、と言いたてることはないでしょう」。そんな反応もあるなか、一自治体ずつ電話をかけ、電話に向かって何度もお辞儀をしながらお願いする。全四七都道府県・一九政令指定都市を対象とするとなると、やりとりの回数も膨れ上がる。気が遠くなるような思いで電話をかけ続け、そうしてやっと全自治体のデータが集まったのが、一〇月だった。

なかでも教員の不足が多かったのは、大阪府だった。大阪府だけは一年間の合計件数ではなく、毎月一日現在ごとの件数を合算した形で回答した。その数は、産休・育休の代替が間に合わなかったのが、のべ六六件。病気や介護休職で代わりが来なかったのが、のべ二五八件に上っていた。

なぜ大阪府は、毎月の件数を合算するという集計方式をとっていたのか。

この方式だと、一つの事例が月をまたいだ場合は複数の件数にカウントされるが、そうした事例は少ないからだという。だが少ないにしても、ダブルカウントの可能性はある。それを避けるために一年間の合計にできないかと何度もやりとりしたが、大阪府からは「難しい」という回答が繰り返された。ただ、数えたこともなかった他の県と比べると、毎月の足りない数を把握しようとしていたと言えるかもしれない。そうしなければならないほど、状況が深刻だったということでもある。

大阪市も深刻さでは大阪府に負けなかった。両自治体の担当者は非正規教員を募集するポスターを作ったり、サイトに案内を出したりして必死だった。「よそはどんなことをしていますか」と逆に聞かれた。

たしかに、大阪府の中学校に取材に行っても、校長からは「先生がいない」「来ない」「ぜひ問題を記事にしてほしい」と訴えられた。それが一回や二回ではなかった。

では、大阪府、大阪市だけの問題かというと違っていた。集計方法の違う大阪府を除いた件数は二〇〇九年度の一年間で、①の産休・育休の場合だと三〇四件、②の病気や介護休職の場合では四八六件と、各地で約八〇〇件の不足が起きていた。予想をはるかに超える件数だった。

教員予備軍不足＝鯉の減った池

なぜ当時、こんなことが起きていたのか。各地の教委や文科省から聞いたのは、以下のシナリオだ。

常勤、非常勤という代役の非正規教員は、教育職員免許状（教員免許）を持つ人のなかから選ばれる。正規のベテラン層の五〇代の教員が当時退職期を迎えるなかで、正規教員の採用が増え、同時に少人数指導などの広がりも受け、非正規教員の採用も増えた。その結果、教員免許を持つ人のなかにいる代わりの教員予備軍が減っている――。

「原因が一目でわかるように図が描けないか」と、原稿をチェックする役目のデスクに言われ、描いたのが、この図だ（図1－2）。ある教委の担当者が、コピー用紙の裏紙にささらと描いてくれたのを単純化したものだ。

教委の担当者は言った。「免許を持っている人を池の鯉にたとえるのは失礼だけれど、全部が全部、先生になりたいわけじゃない。そのなかに、先生になりたいという予備軍となる鯉がいる。若い鯉は、ベテランの古い鯉がいなくなるから、その後釜の正規教員として、バケツに入れられる。他の鯉も非正規教員としての需要が膨らんでいるから、次々この池から釣られていくでしょう？　そうして、池には鯉が少なくなるんですよ」

教員免許を持つ人にまで視野を広げた「鯉がいなくなる」メカニズムには、もう少し説明が要る。

非正規教員が不足している自治体は、特に正規・非正規教員の需要が膨らんでいる。正規の採用はベテランが退職したあとを埋めるために、当時、都市部を中心に拡大していた。

そうして若手が増えるなか、出産期を迎える教員が増えていく。結果、非正規教員、特にフルタイムの常勤講師である臨時的任用教員の需要が拡大している。さらに、教育現場の多忙化などでうつなどの病気になる教員も増え、その代役のニーズも増す。

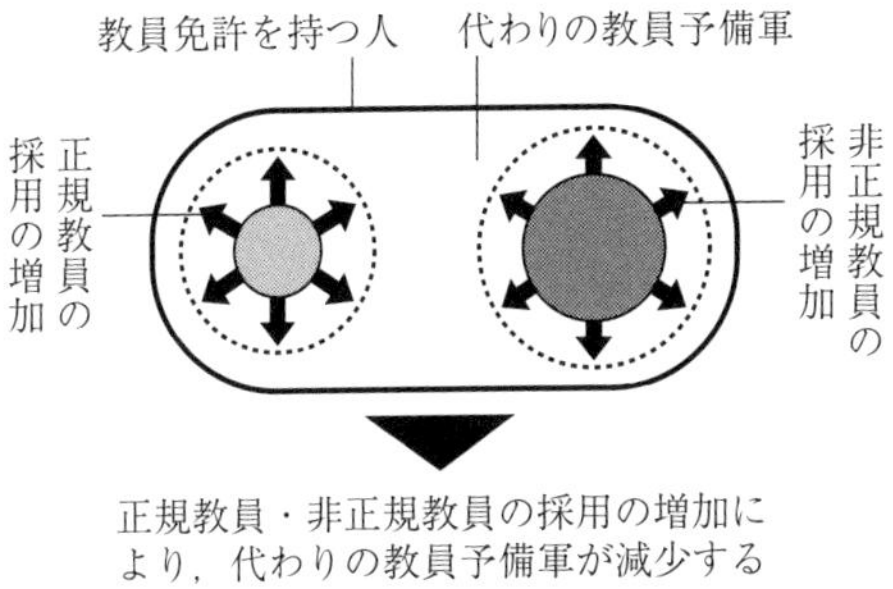

図 1-2　紙面に掲載した「非正規教員が不足する構図」

また、非正規教員、特にパートタイムの非常勤講師は、各地の学校で少人数指導が広がるなかで、正規教員より給与が低い分、多く雇えることから採用が増えていた。

そのため、非正規教員になりうる人は早々に雇用され、残った人はといえば、いざというときに実際に代役に入れる層は薄くなっている。次年度の採用を目指して別の仕事に就いていたり予備校に通っていたり、就職難のなかで教員になるのを諦めて他の職種に就いていたりして、年度途中で「お願いします」と言っても、融通が利かないのだ。

こうした需要の拡大に、大学は追いついていなかった。旧文部省によると、小学校の教員養成を担う国立大学の教員養成課程の卒業者は一九九一年度は約一万九六〇〇人だったが、二〇〇五年度には約九九〇〇人とほぼ半分まで落ち込み、一〇年度は一万五〇〇〇人とほぼ横ばいだった。長く入学定員が抑制されているためで、養成が採用の急増に間に合っていなかった。

しかし、当時の自治体や文部省には、楽観論がまだあった。教員免許を持つ人はまだまだ多い。一生懸命掘り起こせば、穴は解消できるという希望的観測だ。だが、これが問題を正面からとらえることを妨げ、事態をいっそう深刻化させている、と筆者は思うようになっていた。

半年をかけて自治体を調査し、取材してみてわかった問題の構造。それは、ベテランの教員の退場で若手が増え、産休・育休をとる教員が増加し、現場の多忙により病休をとる教員も多くなり、非正規教員の「需要」が膨らんでいる。一方、教員を養成する国立大学側の「供給」は追いついていないというものだった。

その実態を新聞の一面、二面という最も目立つ場所で提示し、それなりの反応があるはずだと期待していた。なのに、冒頭に書いた通り、ほとんど無風だった。新しい問題を提示しながら、ここまで反応がないのは、そうあることではない。

これが「非正規教員の不足」の物語の第一幕だった。この話の取材が数年後、さらに続こうとは。反応のなさに落ち込んでいた当時の筆者は思っていなかった。

教員不足が一〇年でまるで違う次元に

物語の第二幕が始まったのはそれから七年後、二〇一八年の新学期のことだ。

新学期早々、教員が配置できず授業も自習が続いたことがニュースになった。さらに新聞や通信各社が全国の状況を調査し、その記事が相次いで出た。

自分が取材して何の反応もなかった問題がいま、各社で調査され、報道が重なっている。

欠員が七年後に問題になっていることに、筆者は、何をいまさら、と思っていた。

しかし、しばらくして、そうした受け止め方が全く間違っていることに気付いた。

筆者が独自に調べた二〇一〇年ごろ、果たして年度初めから教員が足りなかっただろうか。いや、足りていた。産休・育休や病休の教員は年度の途中で増えてくるのだが、学年のスタート時、教委は教員をそろえているのが当たり前のはずなのに、それがそろわないとは。これは問題が新しい次元に入っているということではないか……。

そう思うに至ったころには、時既に遅し。二〇一八年の六月が終わっていた。

二〇一〇年、筆者一人で調べたときは年の累計を調べたが、今回は年度初めという一時点を調べないといけない。今からではもはや難しい。すべての自治体が、年度初めの欠員を記録しているとは思えない。となると、各自治体に、わざわざさかのぼって調べてもらわなければ、つかめない。二〇一〇年のとき、いかに全自治体の数字をそろえるのが難しかったかという苦労がフラッシュバックした。先行していた他の新聞社や通信社の調査も、回答を拒否する自治体が多く、全自治体を調査したものはなかった。

おのれの問題意識の鈍さを恥じながら、来年度こそは調べようと心に決めた。

年度初めから教員が足りない状況をまずい、と思ったのは、メディアや筆者だけではな

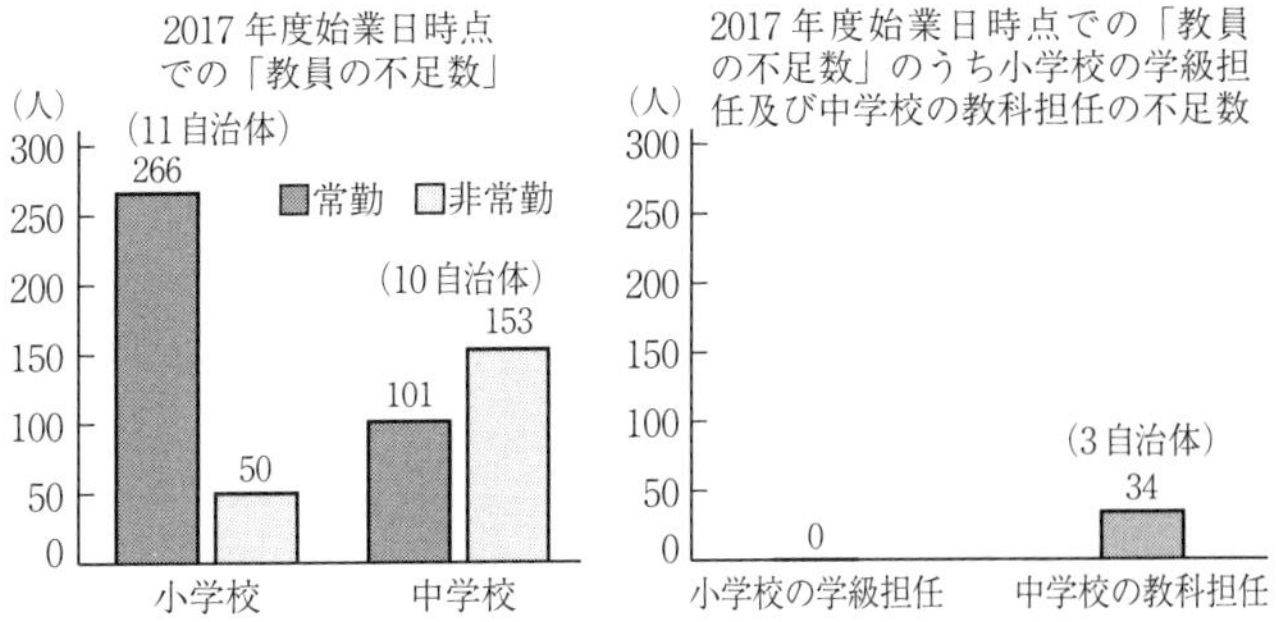

図1-3　文科省調査(2017年度)における「教員の不足数」

かった。

文科省も動き始めていた。「いわゆる『教員不足』について」という報告を、二〇一八年八月、中央教育審議会の教員養成部会に出してきたのだ。

調べたのは、都道府県では北海道、茨城県、埼玉県、千葉県、愛知県、福岡県、大分県、鹿児島県。政令指定都市は大阪市、北九州市、福岡市の計一一自治体。文科省によると、「教員の欠員に悩んでいた自治体や、文科省に協力してくれた自治体」だという。

文科省の報告は、照準をぴたりと「始業日時点」に合わせていた。

たとえば二〇一七年の始業日、教員が不足していたのは小学校が一一自治体で、常勤二六六人、非常勤五〇人。中学校が一〇自治体で、常勤一〇一人、非常勤一五三人。そのうち小学校の学級担任、中学校の教科担任がいなかった、つまり授業ができなくなったケースの人数は、小学校ではゼロだったものの、中学校は三自治体で三四人いた（図1―3）。これは「少人数教育等のための教員が確保できない場合」などとは違い、「その教員がいないことで必要な授業が行えない、または授業時間を確保できない場合」を指す。

この調査で見るべきは、不足に悩む自治体が、何を原因と考えているかが浮き上がった点だ。

まず、非正規教員の「欠員又は必要教員数の増加」、つまり「需要」の膨んだ要因として、「良く当てはまる」「どちらかと言うと当てはまる」を選んだ自治体の数が最も多かったのが、「産休・育休取得者数の増加」で九自治体、続いて「特別支援学級数の増加」が七自治体、「転入等による学級数の増加」「辞退者の増加等により予定人数を採用できなかった」がともに五自治体、「病休者数の増加」「再任用を希望する退職教員が見込みより少なかった」がそれぞれ四自治体、「早期退職者数が多かった」が三自治体だった（図1―4）。

最初に資料を読んだとき、へぇ、と思ったのが「特別支援学級数の増加」だ。最初に調べた二〇一〇年には教委から出てこなかった不足の要因だった。なぜか。

文科省は特別支援教育の充実を目指し、二〇〇七年、特別な場で教育を行う「特殊教育」から、発達障害を対象に含めた「特別支援教育」へと名称を変えた。それにともない「特殊学級」は「特別支援学級」へと変わった。そして発達障害のある子どもがより充実

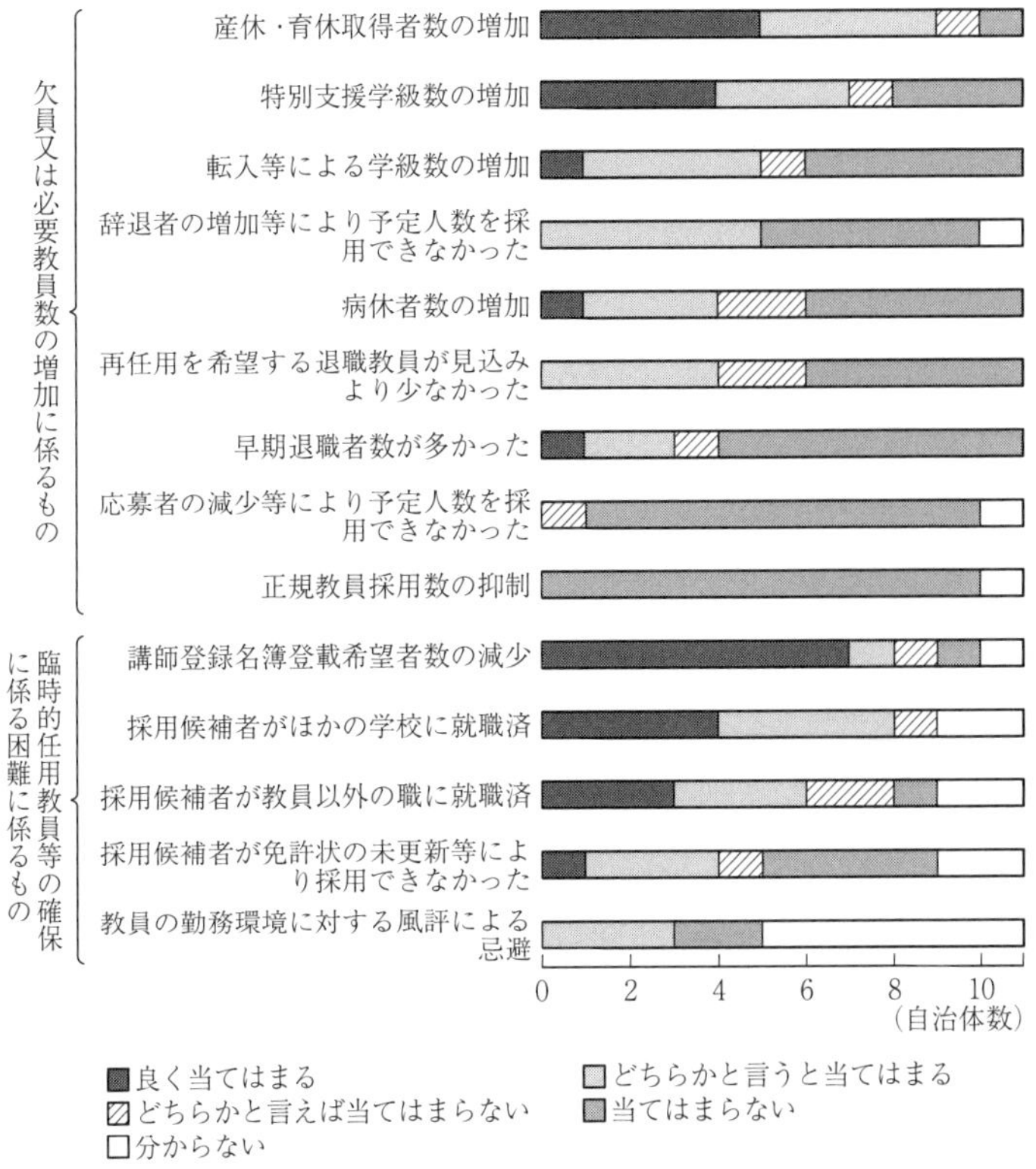

図 1-4　文科省調査(2017 年度)における「教員の不足」の要因

した支援を受けられることや、一人ひとりに合わせた指導計画によるきめ細かな対応を受けられることを求めて、特別支援学級を選択する保護者が増えてきていた。

そのうえに、特別支援学級は一学級の児童生徒数の基準が八人。障害の区分(知的障害、肢体不自由、病弱・身体虚弱、弱視、難聴、言語障害、自閉症・情緒障害)ごとに一学級、つまり一人の担任を必要とするのが原則だ。一クラスの子どもの人数が少なく、さらに区分ごとに分けるのが原則とあって、通常の学級より学級数が変動する可能性が大きい。自治体としてはその数が読めず、フルタイムの常勤講師をあてても間に合わず「穴」が空く——というわけだ。

ほかの要因として「辞退者の増加」「病休者数の増加」「再任用を希望する退職教員が見込みより少なかった」「早期退職者数が多かった」が挙がっているのも、現場の厳しさを反映している。

なかでも驚いたのは、「正規教員採用数の抑制」という選択肢が入っていたことだ。一見わかりにくいが、たとえば、将来、少子化がさらに進むことを見越して、教員数を調整しやすいように非正規教員の比率を上げる。あるいは財政難で給与の高い正規教員の数を抑え、給与の低い非正規教員を雇う。そんなケースだ。いずれにせよ、自治体が正規教員を採用するのを抑制し、代わりに非正規教員をあてたが、それがうまくいっていないことを意味する。非正規教員を多く雇い、依存度を高めれば、非正規教員が不足するのは当然の帰結だ。ただ、自治体にとっては、初めての調査でさすがにこの選択肢は選びにくかったようだ。「当てはまる」と答えた自治体はなく、「分からない」と答えたのが一自治体あった。

一方、「臨時的任用教員等の確保に係る困難に係るもの」、つまり「供給」の困難面ではどうか。臨時的任用教員や非常勤講師になりたい人が自治体ごとに登録する「講師登録名簿登載希望者数の減少」、「採用候補者がほかの学校に就職済」が各八自治体、「採用候補者が教員以外の職に就職済」が六自治体、「採用候補者が免許状の未更新等により採用できなかった」が四自治体、「教員の勤務環境に対する風評による忌避」が三自治体だった。

「講師登録名簿登載希望者数の減少」について文科省は、正規教員の採用試験の倍率が低くなり、非正規教員たちが合格しやすくなったため、名簿登載希望者も減ったという見立てだった。全体として一〇年近く前より要因が増え、しかも深刻化していると感じた。

そして「採用候補者が免許状の未更新等により採用できなかった」は、せっかく採用したくても教員免許更新制の下、免許が更新されておらず採用できなくなる問題であり、後に更新制が廃止される理由の一つになっていく。

この調査から見える「教員不足」の要因、つまり非正規教員を配置できないことをめぐる具体的な要因、そしてこの調査そのものが持つ限界については、本書でも後に詳しく触れる。ここではさしあたり、文科省もいまやこうした非正規教員不足の問題を深刻視するに至ったということ、そして、ここに挙げたような理由が原因だと提示していることを押さえておきたい。

なんと四%の学校で教員不足

さて、朝日新聞の独自調査である。

同僚たちと、年度当初の非正規教員の不足件数を調査し始めたのは二〇一九年四月末のことだった。今度は自分一人ではなく、教育班の記者たちに声をかけ、協力を求めた。この調査とともに、非正規教員不足の原因として名指しされる、正規教員の採用試験の倍率調べも教育班として企画し、双子の調査として考えた。

対象は四七都道府県・二〇政令指定都市と、大阪府が人事権を移譲した豊能《とよの》地区の三市二町で、四月の始業日と五月一日の二時点の件数を調べようと、各記者に数自治体ずつ担当を割り振った。

調査はやはり難航した。まず困ったのが、どんな人数を基準にして不足の計算をしてもらうかだ。国が負担金を配る際の、学級数をベースにした人数か。それとも自治体が独自の予算で採用した人数も加えるのか。条例で決めている人数か。自治体から各記者に問い合わせが相次ぎ、調査票を作り直して再配付した。

さらに壁となったのが、自治体の警戒感だ。二〇一〇年の調査のときより教員不足の問題が注目され、議会でも追及されるようになったため、調査をいやがる自治体が増えたのだ。「答えるのは義務なんですか。こちらにも答えない自由はあります」「なぜそんな数字まで調べる必要があるのですか、調べなきゃいいのにね」……。特に一〇あまりの自治体は回答拒否か、それに近かった。それを各記者が繰り返し説得する。「電話をかけてこられると、朝日の記者さんの声だとすぐわかる。根負けしました」と件数を答えた県教委担当者もいた。最初の調査のように筆者一人だったら自治体を説得しきれず、とても調べきれなかっただろう。

そしてやっと五月一日時点だけは、全四七都道府県と二〇政令指定都市、豊能地区の件数がそろった。調査を始めてから三カ月がたち、八月になっていた。

結果はこうだ。

全国の公立小中学校で起きている非正規教員の未配置は、二〇一九年五月一日現在、一二四一件。単純計算すると、全国の約三万校の約四％で教員が足りないことになる。前回の二〇一〇年の調査は年間で約八〇〇件だったのだから、五月一日だけでそれを上回り、深刻さが増したことがわかる。

自治体ごとに件数を見ると、未配置の最多は熊本県の一〇三件で、茨城県一〇二件、愛知県九二件、宮城県八五件、神奈川県八二件と続く。なぜこれらの自治体が多いのか、研究者に依頼して正規教員の採用試験の倍率との関係も含めて分析してもらったが、相関は出てこなかった。

「〇件」と答えたのは一八自治体だったが、いくつかに六月ごろ、改めて連絡してみると、件数が二〇件以上になっている自治体があるなど、変化が大きかった。

ばらつきの理由の一つは、非常勤講師の使い方に差があるためだ。常勤が見つからない場合、四七自治体が「非常勤をあてた」と答えた。「あてない」と答えた教委は熊本県、茨城県などで、不足が増える傾向にある。

不足しているのは、一二四一件のうち「少人数学級や特別支援学級などの担当」が七三六件(五九・三%)、「病休教員の代わり」が二五七件(二〇・七%)、「産休・育休教員の代わり」が二二三件(一八・〇%)、「研修や処分になった教員の代わり」が一五件(一・二%)などだ。

要因の選択肢については文科省の「いわゆる『教員不足』について」の調査票を参考に

した。

「欠員や必要教員数が増えたことに関する理由」として最も多かったのは、「特別支援学級が増えた」で「あてはまる」「どちらかというとあてはまる」の合計が五五自治体、「産休・育休取得者が増えた」が五四自治体、「病休者が増えた」が三〇自治体、「早期退職者が多かった」が二三自治体などだった。ここでも特別支援学級、産休・育休、病休の三大要因が浮かび上がった。

「常勤講師の確保の難しさに関する理由」としては、「講師登録名簿の登録希望者が減った」が五五自治体、「採用候補者が他県や私学など他の学校に就職した」が三七自治体、「採用候補者が教員以外の職に就職した」が二九自治体などだった。

代役が来ないことに学校はどう対応しているのか。「校内の教員で対応した」が七〇自治体、「教頭や副校長が対応した」が五二自治体、「常勤のところ、非常勤をあてた」が四七自治体、「自習にした」が二自治体などだった(以上、複数回答あり。また「自治体」には豊能地区を含む)。

校内の教員たちで、子どもたちのために必死で対応している姿が浮き彫りになった。言い換えれば、だからこそ問題が表に出ず、なかなか光が当たらなかったのだ。

二〇一〇年度中の八〇〇件超から二〇一九年五月一日時点での一二四一件へ——。記事は二〇一九年八月五日、一面と三面に掲載された。さすがに今回は、読者からの反応がほとんどないということはなかった。各地の教員や学校の管理職(校長・副校長・教頭)、教委の職員、県議会議員らから、いかに困っているかというメールや手紙が次々と寄せられた。ただし、多くが学校や行政サイドの声だった。困っている子どもたちや保護者の声は少なかった。

ついに文科省調査実施、だが……

そして第三幕が開く。

いよいよ国が乗り出す。文科省が全都道府県・政令指定都市、大阪府豊能地区を全数調査することを決め、発表した。

文科省は二〇二一年五月から各自治体に調査票を配付し、八月ごろの結果発表を目指していた。しかし夏休みが終わっても、発表の会見予定は入ってこない。

自治体側に聞くと、国の調査票が来てから、初めて教育事務所に不足の件数を聞き、数えているというところもあった。自治体間で、たとえば「定数」など質問の語句の受け止め方がさまざまで、なかなか統一できていない問題もあった。回答の数字同士が矛盾する

表 1-1　文科省調査(2021年度)における「教師不足」の状況

学校種	学校に配置されている教師の数(A)		学校に配当されている定数(B)		不足(C)		不足率(C/B)	
	5月1日	始業日	5月1日	始業日	5月1日	始業日	5月1日	始業日
小学校	379,598	378,481	380,198	379,345	979	1,218	0.26%	0.32%
中学校	218,504	217,856	219,123	218,641	722	868	0.33%	0.40%
小中学校計	598,102	596,337	599,321	597,986	1,701	2,086	0.28%	0.35%
高等学校	159,688	159,368	159,837	159,576	159	217	0.10%	0.14%
特別支援学校	78,474	78,309	78,632	78,517	205	255	0.26%	0.32%
合　計	836,264	834,014	837,790	836,079	2,065	2,558	0.25%	0.31%

学校種	全体の学校数(D)		教師不足が生じている学校数(E)		割合(E/D)	
	5月1日	始業日	5月1日	始業日	5月1日	始業日
小学校	18,991	18,991	794	937	4.2%	4.9%
中学校	9,324	9,324	556	649	6.0%	7.0%
小中学校計	28,315	28,315	1,350	1,586	4.8%	5.6%
高等学校	3,502	3,502	121	169	3.5%	4.8%
特別支援学校	1,086	1,086	120	142	11.0%	13.1%
合　計	32,903	32,903	1,591	1,897	4.8%	5.8%

ことから、数え間違いのミスも見つかる。そうして九月も、一〇月も、一一月も過ぎていった。

そして調査結果がやっと発表されたのは、二〇二二年一月だった。発表日に数字の訂正が入るなど、初めての調査の難しさが明らかになった。

まず二〇二一年五月一日、教員が足りず、学校に本来配置するはずの人数を満たせない状態が、全国の公立小中学校、高校、特別支援学校の四・八％にあたる一五九一校で生まれていた。つまり二〇校に一校という計算だ。不足の人数は二〇六五人に上っていた(表1-1)。二〇一九年、朝日新聞で調べた際は一二四一件だったのだから、なんと倍近い。

詳しく見よう。

小学校は五月一日時点で、全体の四・二%にあたる七九四校で、九七九人が不足していた。このうち学級担任は、三六七校で四七四人が足りず、代わりに校長・副校長・教頭が五三人、教務主任ら二〇五人が担任を受け持っていた。これだけの先生たちが日常の仕事をさしおいて、「まずは子どもたちの授業を」と出動し、授業がなくなる状況を避けていたのだ。

中学校では全体の六・〇%の五五六校で、七二二人が不足。こちらは五月一日時点で教科の担任が足りず必要な授業ができない学校が一六校あった。だが「その後解消した」と文科省は言う。

始業日の場合はどうだろう。

不足が生まれていたのは全体の五・八%にあたる一八九七校で、二五五八人に上った。一七校に一校、つまり二一校に一校だった五月一日時点より多い。

小学校は始業日時点で全体の四・九%にあたる九三七校で、一二一八人。中学校は全体の七・〇%にあたる六四九校で、八六八人だった。

見逃せないのが特別支援学校だ。五月一日時点で、一二〇校で二〇五人が不足し、始業日は一四二校で二五五人が足りなかった。数にすると小中学校より少ないが、割合で見ると、五月一日時点で一一・〇%、始業日で一三・一%の学校で不足が生じている。これはどの学校種より断然多い。

『教師不足』の要因」として自治体が挙げたのは、「見込み数以上の必要教師数の増加」という非正規教員の「需要面」(①〜⑫)でいくと、「産休・育休取得者数が見込みより増加」に「よくあてはまる」「どちらかといえばあてはまる」と答えたのが五三自治体、「病休者数が見込みより増加」が四九自治体、「特別支援学級数が見込みより増加」が四七自治体、「退職者数が見込みより増加」が三一自治体などだった。ここでも産休・育休、病休、特別支援学級の三大要因がそろっている(図1-5)。

注目したのは、さきほど「この選択肢が入っていて驚いた」と書いた「新規採用者数(正規教員)の抑制」を選んだ自治体数だ。先行した文科省の調査では明確に「当てはまる」と答えた自治体がなかったが、今度は一一自治体に上った。

「先生が足りないと言うなら、正規教員の採用を抑制するどころか、もっと増やせばいいじゃないですか」。筆者がいくつかの教委に聞くと、「将来、少子化がさらに進んだとき、

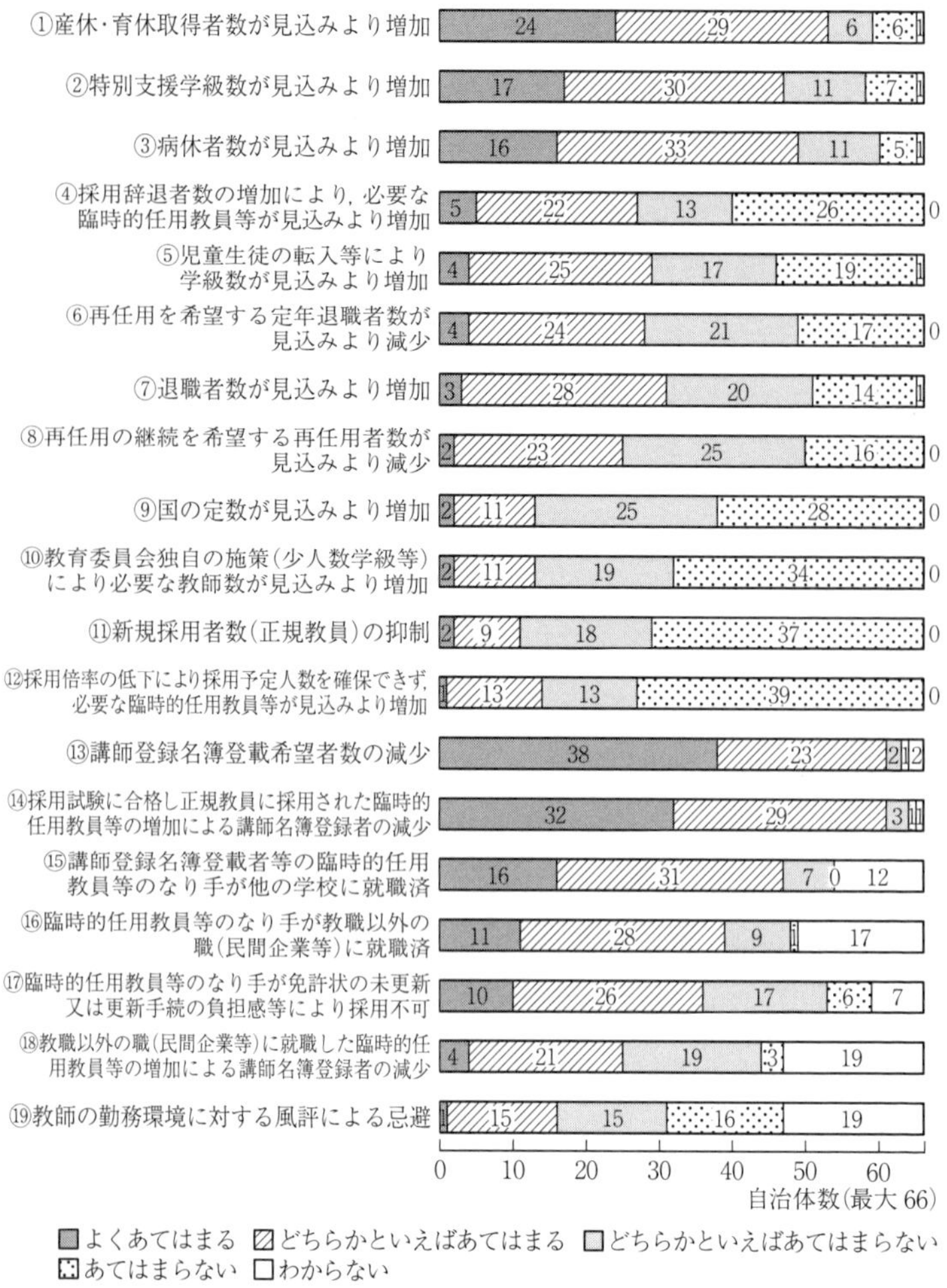
①産休･育休取得者数が見込みより増加
②特別支援学級数が見込みより増加
③病休者数が見込みより増加
④採用辞退者数の増加により，必要な臨時的任用教員等が見込みより増加
⑤児童生徒の転入等により学級数が見込みより増加
⑥再任用を希望する定年退職者数が見込みより減少
⑦退職者数が見込みより増加
⑧再任用の継続を希望する再任用者数が見込みより減少
⑨国の定数が見込みより増加
⑩教育委員会独自の施策(少人数学級等)により必要な教師数が見込みより増加
⑪新規採用者数(正規教員)の抑制
⑫採用倍率の低下により採用予定人数を確保できず，必要な臨時的任用教員等が見込みより増加
⑬講師登録名簿登載希望者数の減少
⑭採用試験に合格し正規教員に採用された臨時的任用教員等の増加による講師名簿登録者の減少
⑮講師登録名簿登載者等の臨時的任用教員等のなり手が他の学校に就職済
⑯臨時的任用教員等のなり手が教職以外の職(民間企業等)に就職済
⑰臨時的任用教員等のなり手が免許状の未更新又は更新手続の負担感等により採用不可
⑱教職以外の職(民間企業等)に就職した臨時的任用教員等の増加による講師名簿登録者の減少
⑲教師の勤務環境に対する風評による忌避
0 10 20 30 40 50 60
自治体数(最大 66)
よくあてはまる
どちらかといえばあてはまる
どちらかといえばあてはまらない
あてはまらない
わからない

図 1-5　文科省調査(2021 年度)における「教師不足」の要因

先生が余っては困るでしょう」。さらに、こう言う自治体もあった。「もっと正規教員をとりたくても、採用試験の倍率が低くなり、質を担保できない」。前門の虎、後門の狼。前門には正規教員の将来の余剰と質の低下、後門には非正規教員の不足というジレンマがあるというわけだ。

他方、「臨時的任用教員のなり手不足」という「供給面」(⑬〜⑲)では、「講師登録名簿登載希望者数の減少」が最も多く六一自治体、「採用試験に合格し正規教員に採用された臨時的任用教員等の増加による講師名簿登録者の減少」も六一自治体、「講師登録名簿登載者等の臨時的任用教員等のなり手が他の学校に就職済」が四七自治体などだった。

この回答からすると、文科省の言うように、正規教員の採用試験の倍率が低くなり、非正規教員が合格しやすくなったため、臨時的任用教員のなり手が不足している、というシナリオはある程度成り立つように思われる。だが一方でこの結果からは、自治体の考えが優先され、学校の視点は見えにくい。そして、教員志望者が総体として減っているという構造的な問題をどう考えるかという課題も置き去りにされたままだ。後の章で、この調査における教員不足の原因についても詳しく見ていくことにする。

表 1-2　文科省調査(2021 年度)で提示された教員の雇用形態別内訳(5 月 1 日時点)

学校種	正規教員	正規教員：再任用教員(フルタイム)	正規教員：再任用教員(短時間)	臨時的任用教員	臨時的任用教員：産休・育休代替教員等	非常勤講師(会計年度任用職員)	合計
小学校	331,697 87.38%	11,236 2.96%	3,737 0.98%	41,991 11.06%	18,528 4.88%	5,911 1.56%	379,598
中学校	191,090 87.45%	9,781 4.48%	1,559 0.71%	23,820 10.90%	5,857 2.68%	3,594 1.64%	218,504
高等学校	143,067 89.59%	11,211 7.02%	2,000 1.25%	11,092 6.95%	2,687 1.68%	5,529 3.46%	159,688
特別支援学校	63,899 81.43%	2,441 3.11%	533 0.68%	13,274 16.92%	3,437 4.38%	1,301 1.66%	78,474

それでも不十分な盛り上がり

国による初めての精緻な調査だけに、やっと出てきた、と筆者は思った。

この結果は文科省初の調査とあって、メディアで大きくとりあげられた。朝日新聞も「公立校教員、二〇六五人不足」と一面で展開し、社会面トップで、代役として教える七三歳の教員を紹介した。

同時に公表された二〇二二年度(二〇二一年度実施)の公立学校教員採用選考試験の結果は、受験者の減少などで小学校の倍率が二・六倍で過去最低に。中学校は四・四倍で二番目の低水準だった。文科省は、採用試験の低倍率と非正規教員の不足を結びつけようと、同じ日に発表したのだと筆者は思った。

ただ、この問題が肝心の中央教育審議会で議論が盛り上がったかというと、そうとは言えない。

結果は、審議会の「『令和の日本型学校教育』を担う教師の在り方特別部会基本問題小委員会」の第二回に二〇二二年一月末に報告された。会議の最後、時間が押すなか、課長補佐が説明し、そこで制限時間はいっぱいになり、議論もろくになかった。

同年二月の「『令和の日本型学校教育』を担う教師の在り方特別部会基本問題小委員会(第三回)・初等中等教育分科会教員養成部会(第一二八回)合同会議」には、報告もなかった。

教員の需給システムをめぐる極めて重要なデータだと思うのに、なぜなんだろう。一〇年あまり前、自分の記事に反響がなかったこととは違う意味で疑問に思い、問題だと感じた。

たとえば発表された資料のなかに、極めて注目すべきものがあった。それは、小中学校に配置されている教員の雇用形態だ。

五月一日時点の数字で、再任用教員(フルタイム)、再任用教員(短時間)、いわゆるフルタイムの常勤講師である臨時的任用教員、非常勤講師という人々の率を見ると、小学校で一六・六%、中学校で一七・七%、高校は一八・七%、特別支援学校は二一・四%と二割を超えている（表1―2）。いかにいまの学校が非正規教員に依存しているかをくっきり示す数字だった。子どもたちに特別なケアが必要な特別支援学校について、ここでも割合が高いことを注視すべきだと思う。

見えぬ展望

教員不足という問題はようやく文科省の政策のまな板に載った。さらに政府全体としての政策メニューに載ったのが文科省調査から五カ月後の二〇二二年六月七日、「経済財政運営と改革の基本方針二〇二二　新しい資本主義へ～課題解決を成長のエンジンに変え、持続可能な経済を実現～」だ。いわゆる骨太の方針に、教員不足の問題が盛り込まれたのだ。

具体的には「経済社会の活力を支える教育・研究活動の推進」の項で、

人と人の触れ合いも大事にしながら、一人一台端末環境を前提として、自分のペースで試行錯誤できる「個別最適な学び」と「協働的な学び」の具体化を早急に実現する。その際、教育ＤＸと連動した教育のハード・ソフト・人材の一体的改革を、家庭環境、学習環境の格差防止や個人情報保護、教師の勤務実態や働き方改革の進捗状況、**教師不足解消**に留意しながら、総合的に推進する。発達段階も踏まえつつ、同一の年齢・内容・教材等の前提に過度にとらわれず、全ての学校段階において、探究・ＳＴＥＡＭ・起業家教育等の抜本強化を図る。三五人学級等についての小学校における多面的な効果検証等を踏まえつつ、中学校を含め、学校の望ましい教育環境や指導体制を構築していく。［強調引用者］

と触れられたのだ。

文章を見れば、少し触れただけに見えるかもしれない。しかし、骨太の方針は政府の政策のインデックスであり、ここに盛り込まれた意味は小さくない。学校教育改革のキーワードである「個別最適な学び」「協働的な学び」「教育ＤＸ」などの実現と、教員不足を解消するという課題が同時に追求されなければならないことが指摘されているのである。文科省・中央教育審議会がこの問題にどう取り組んでいくのかが問われた形だ。

＊　＊　＊

ここまで論じたように、常勤講師・非常勤講師に依存する構造はこの一〇年変わらず、教員不足の要因が増え、事態はいっそう深刻化してきた。そして、そもそも教員を志望する人が減る現状は、状況の悪化に拍車をかけている。

この第一章では、全国的に起こっている教員不足という現象の、一〇年あまりの経過を早送りする形で追いかけた。

重要なのは、教員不在の学校で、どのような問題が生じているかだ。実際に先生がいない学校、あるいは先生がいない状況をなんとかカバーしている学校は、どうしているのだろうか。

こうしたことは、数字だけからは見えにくい。非常事態の学校で学ばざるを得ない子どもたち。正規教員の「穴」を埋めるはずの教員が来ない学校の教員たち。「穴」を埋めるために、専門と異なる授業を担わざるを得ない非正規教員。次の第二章では、こうした教員不足が引き起こす学校現場の生の声、そして子どもや保護者たちの置かれている状況に踏み込んでいく。

第二章　先生不在の学校現場

第一章では、非正規教員が不足している現状や、その問題がどう明らかになってきたかをたどった。

第二章は「人」、つまり影響の出ている子どもたちや保護者、教員らをクローズアップする。非正規教員が足りないことで、子どもや保護者がどんな思いをし、管理職がどう動き、出産や病気などで休む正規の教員自身や、代わりに現場に入る非正規教員が、どんな影響を受けているかを、人の顔の見える形で追いかける。

先生がいない――。学校、特に義務教育の場では、あってはならないことが広がっている。それは、教育を受ける権利が保障されていない事態が広がっているということだ。公教育の崩壊と言っても言い過ぎではない。その被害者が子どもであることは、どんなに強調しても、し過ぎることはない。しかしこれまでの教員不足の議論では、教員の労働問題が中心になり、子どもたちの視点が忘れられていたのではないか、と筆者は思う。

まず、先生がいない状況を体験した子どもたちに話を聞こう。

「うちらは捨てられてる」

「先生がいない、教室に来ないなんてことが起きるとは思いませんでした」。東北地方の市立中学二年生の女子生徒(一四)は、小学校五年生当時のことを振り返る。

二学期の始業式の日、女性の担任の教員(三三)が病気で休んでいることを知った。八月下旬から入院しており、休む期間は長くなると聞いた。早くよくなりますように、とクラス全員で鶴を折った。

ところが、担任の代わりの教員が来るのかと思っていたら、来ない。一週間ほどは教頭が授業をし、音楽の先生が国語や算数のプリントを配って自習するなどした。

隣の教室では担任の教員が冗談を言い、笑い声がもれてくる。だが、自分のクラスは黙々とプリントに取り組んでいるだけだ。

「いいなー、隣は」「うちらは捨てられてる」「いったい、いつ先生が来るの」。次第に学級の雰囲気が悪くなっていく。けんかやいじめが少しずつ増えていったと女子生徒は言う。

そして一〇月初め、ようやく新しい教員がやってきた。定年を過ぎ、七〇歳を超えた男性の教員だ。ノートの取り方、椅子の座り方、机の上に文房具をどう置くか……。「このクラスには指導が入らない」が口癖で、どんどん決まりができていった。教室の掲示板のそこここに、ルールを書いた紙が貼られた。

そしてある日、子どもたちは担任の言うことをきかなくなる。私語を注意されてもしゃべり続ける。その声が大きくなり、授業が成り立たない。授業中、勝手に教室から出て行く子もいる。いわゆる「学級崩壊」だ。教員は反乱を抑えようと大きな声を出すが、子どもたちはさらに私語をして反抗する。

担任の代わりが一カ月来ず、来たと思ったら決まりづくめの先生……。「このクラスだけ見捨てられている。そんな不満がぐるぐると渦を巻いて、一気に爆発したのかもしれない」と女子生徒は話す。

二人目の担任は一カ月ほどすると、突然来なくなった。「あの先生はクラスの担任不在が続く状況を救おうとピンチヒッターとして来てくれたのかもしれなかったのに、私たちがいじめてしまった」と女子生徒はいま、思う。「でも、規則でがんじがらめにするだけで、クラスの崩壊を招くことになってしまった」

二人目が去った後、さすがに三人目の担任は教育委員会が素早く動き、すぐに着任した。教委から来た四〇代の教員だ。

児童たちは新しい担任に気持ちをぶつけた。「うちのクラスだけ担任がくるくる代わるのはなぜですか?」「やっと来たと思ったら、規則で縛り付けるおじいさん先生なのはなぜですか？」

　この担任は、代わりの教員がなかなかいないこと、でも、だからといって子どもたちにつらい思いをさせてはいけなかったことを話し、「ごめんなさい」と謝ったという。担任はクラスの子どもの一人ひとりと話し、子どもたちの怒りや不満を聞き取っていった。やっとクラスが落ち着いたのは三学期に入ってからだった。

「あの学年のことは正直、思い出したくないです。先生を雇っておくのは大人の責任じゃないですか。それをしないで、子どもにつらい思いをさせるのは、おかしいじゃないですか」。女子生徒は割り切れない気持ちをまだ抱えたままだ。

お兄さんが来たが

　同じように担任が「くるくる代わった」と言うのが、関東地方のある市立小学校の三年生の女子児童(九)だ。「もういいよ、もうたくさん、という気持ちです」と、こりごりした様子で話した。

　児童と母親によると、二年生の一年間に担任が三人代わったという。まず、産休をとる教員がいたにもかかわらず代役が配置されず、始業式の段階で正式な担任が決まっていなかった。教務主任が担任代わりで教科書を配った。そして教頭や他の教員たちが入れ替わり授業をしに来た。「なんなんだ、これ、と思った」と児童は言う。

それでも二週間後、フルタイムの若い臨時的任用教員(常勤講師)(二七)が担任として着任した。「今度はお兄さんで、みんな、最初は気分がぐっと上がった」と児童は言う。

ところが、この教員はそれまで教育実習を除いて教壇に立ったことがなかった。同じ学年の正規の初任者が研修を受けながら担任を務めているのに対し、彼は支援もないまま、ぶっつけ本番で教壇に立つしかなかった。同僚の教員はそう言う。

自信を失うと、声が教室の後ろに通らなくなってくる。何ページのどこを読めばよいか、わからなくなり、指示するたびに「えーっと」と迷ってしまう。「あの先生、変だ」。子どもの話を聞いた保護者からは、批判が相次いだ。

教員は突然、五月末に学校に来なくなり、そのままやめてしまった。「苦情がつらくてもたなかったようだ、とママ友のLINEで回ってきた」と児童の母親は語る。学校からは「急に体調が優れなくなった」としか聞いていなかった。

その後、二週間して、今度は定年退職後に再任用されたベテラン教員が来た。

母親は参観日にクラスの様子を見たが、子どもたちはやっと落ち着いて授業に取り組むようになった。しかし、始業式から担任の教員がちゃんと決まるまで結局、二カ月以上かかっていた。

「教頭先生の授業を受けたり自習をしたりして、ようやっと担任が決まったと思ったらだめで、また自習で……。なくなってしまった時間を取り戻したいです」と児童は振り返る。

英語、英語、英語

西日本のある公立中学校では、ある年、英語の教員が一カ月、いなかった。

「着任するはずの教員に連絡がとれなくなった」と教委は言う。探しても結局、連絡がつかず、別の教員を手配しようとしても、すぐに来てくれる候補者はいない。

その間、このクラスは自習になった。さらに英語の授業は他の教科に振り替えられ、生徒たちは一カ月、英語を学ばないままになった。そして中間テストの前に教員がやっと見つかり、今度は集中して英語を一日に三時間、突貫工事で教わることになった。

「英語、英語、英語で予習が大変で、頭に入らなかった」とある男子生徒は言った。「先生がいないなんて考えられないです。うちのクラスだけ、なんでこんな思いをしなければならなかったのかと思います」

「うちらだけ先生がいないのはなぜ」「なんで自分たちの学級だけ」……。ある子ははき出すように、ある子は怒りを爆発させて話した。この問いに筆者は答えられず、下を向くしかなかった。

「このなかに教員免許をお持ちの方はいらっしゃいませんか」

先生がいないという問題は、子どもだけでなく保護者も揺さぶることになる。

ある年、筆者は関東地方に住む一人の母親(四一)から、非正規教員の不足問題で封書をもらった。こういう話だ。

「先生の担当の名簿、今年はないの?」。始業式の日、中学校から帰ってきた長女に尋ねると、娘は答えた。「英語の先生が一人いないから、名簿を作れなかったんだって」

英語の先生がいない? 母親は意味がわからず、学校に電話した。

すると、教頭が出た。「三月に英語の先生が病気でお休みに入ったのですが、代わりがまだ決まらず、名簿を配れませんでした。英語の教員の欄が空いたままになりますから」

先生の代わりが来ないという事態がありうるのだと、この母親は初めて知ったという。

欄が空いたままになるから名簿が配れないと教頭は言うが、では、いつ教員は来るのか、大丈夫なのか。そして、こうなったのは、いったいだれの責任なのか。

「学校は問題を抱え込むのではなく、肝心なことを説明してほしいと思った」とこの母親は話す。母親はさまざまな角度から尋ねてみたが、「頑張って探しているところです」という言葉だけが繰り返された。「学校もつらいのだ、と思うしかなかった」と母親は振り返る。

結局、代わりの教員は土日をはさんだ週明け、配置された。その翌日、何事もなかったかのように名簿が配られたという。


別の首都圏の公立小学校に子どもを通わせる母親(三二)から聞いたのは、こんな内容だ。PTA会議が終わった後、校長が立ち上がって言った。

「このなかに教員免許をお持ちの方はいらっしゃいませんでしょうか。○○先生がお休みに入ったので、代わりになってくださる方、いらっしゃらないですか」

何を言われているのかわからず、その場にいたPTA役員たちは顔を見合わせた。

校長が説明することには、その年度、育休をとる、あるいはとっている教員が一人ずつ、病休に入った教員が一人おり、既に二人が休みに入っているが、代わりになる教員が一人分、手配できていないのだという。「教育委員会も、学校も必死で探しているが、まったく見つかりません、とおっしゃいました」と母親。

この母親は実は教育学部を卒業し、小学校の教員免許を持っている。免許を持っている保護者はほかにもいると知ってもいた。だが、自分も、その保護者も下を向いている。「免許を持っていることを明かせば、校長に猛烈にアタックされ、押し切られてしまう」と思ったからだ。根回しもなく、いきなり言われて、はい、と引き受けられる保護者がいると思っているのか、という腹立たしさも正直、あったという。

結局、だれも手を挙げないまま、校長が「わかりました。結構です」と話を引き取った。代役の教員が配置されたのは、やっと二週間後だった。

「リリーフの先生が見つからずに校長先生をはじめ、そこまで切羽詰まっているとは全然知らなかった」と母親は言う。「ふだんから学校が直面している問題を教えてもらい、やりとりがあれば、ひょっとしたら手伝えたかもしれないのに」

学校のなかではいったいこの間、何が起きていたのか。非正規教員の不足について取材を始めるきっかけになった、ある小学校のことを振り返る。

「教育委員会が探しても、いないって言うんですよ」

大阪市営地下鉄の駅を上って商店街を通り抜け、少し歩いたところに、その小学校はあった。

二〇〇九年。「ゆとり教育」への逆風が吹いてしばらくたち、学校現場では基礎学力強化への回帰が起きていたころだ。「計算や漢字の基礎学力をどうつけるかに熱心に取り組んでいる学校です。一度、授業を見せてもらってはどうですか」。取材先の教員に、そう勧められ、筆者は東京から出張した。

学校を取材するときは、まず管理職にあいさつする。この日も校長(五八)にあいさつし、取材の意図を告げたあと、小学校での取り組みの全体像や経緯の説明を受けることになっていた。しかし校長は名刺の交換後、説明もそこそこに言った。「本当は、もっと取材してほしいことがあるんです」

校長は自分の事務机の上に並べていた名簿類を、応接セットの机の上にドサドサと音をたてて置き、次々に開き始めた。大学の教育学部の教職員録や、校長の出身大学の同窓会名簿、校長の年賀状の住所録、校長会の名簿……。

ほとんどのページに付箋が貼られて、名簿がプクプクになっている。付箋には、◎○△×とボールペンでマークが書かれていた。◎は親身に相談に乗ってくれる人、○はまあ乗ってくれる人、△は乗ってくれるかもしれない人、×は脈なし。

校長は言った。「子どもたちを一から教え、支えてくれる人がほしい。でも、探しても、探しても、探しても、いないんです。ひどいと思いませんか。広島だけの話じゃないですよ」

「探しても、探しても、探しても」。そう校長は繰り返した。

広島だけの話じゃない――。「広島」と言ったのは、二〇〇八年一一月、広島県での教員の欠員をいちはやく報じ、第一章でも紹介した、あのＮＨＫの「クローズアップ現代」のことだ。

番組を見ていたので、校長が言いたいことがよくわかった。子どもたちに少しでも教えてやりたいのに、非正規教員が見つからないこと、学校現場が人探しをしなければならないことに怒りを感じているのだ。

広島だけでなく大阪も、なのか。

この小学校では、一人が病休に入り、続いてもう一人が産休に入ろうとしていた。その教員のクラスを受け持ってくれる代わりの教員が見つからない。

おずおずと尋ねた。「あの……教員を配置するのは教育委員会の仕事ではないでしょうか」。子どもの人数に応じて教員の数を決め、その教員が休んで穴が空けば、手配するのは教委の役割のはずだ。管理職が人探しをするのは、そもそもおかしなことなのだ。

校長は、教員がいないことに怒る前に、自分が人探しをしていることをどう思っているのか。そのときの筆者はつい聞きたくなった。

しかし、いま思えば、のんきな質問である。教委が人を見つけてきてくれるようなら、校長が自ら探す苦労はしなくてよい。校長はたちまち「この記者、全くわかっていないよ」という、あきれ顔になった。

「だって、その教育委員会が探しても、いないって言うんですよ。こっちが探さないとどうしようもないでしょうが」

質問した筆者も、叱られている気分になってきた。校長によると、不足は二〇〇〇年代に入ってから始まり、どんどんひどくなっていったという。「いまでは始終、人を探しているんですよ、現場は」

学校、特に校長や教頭による人探しが珍しくないことは、教員の欠員問題の取材を始めて、わかっていた。どの管理職も、自身の人脈を駆使し、あるいは情報を交換して人を探す。多くの校長が、校長室からひたすら電話をかける作業をしていた。

「知り合いの校長から紹介された方が、あらかじめどんな教員なのか、大丈夫なのか瀬踏みができるからよいのです。だから自分で探す。そのほうが安心です」と言う校長もいた。

「探しても、探しても、探しても」を繰り返した校長に、「学校名を出して、社会に問題を訴えませんか」と提案した。記者の性である。校長自身、最初は「基礎学力をつける取り組み以前に、取材してほしいことがある」と言ったではないか。

しかし、校長はすぐに拒んだ。「『代わりの先生を見つけられません』なんてこと、（教育界以外の）ほかの方々に言えますか？　恥ずかしくて言えませんよ。特に、子どもたちに対してどう言ったらいいのか……」

校長は言った。「見つからなかったら、教頭と自分が授業をするしかないと思っています」

校長は職務上、授業をしない。学校教育法によると、教頭は「必要に応じ児童の教育をつかさどる」とあるが、校長については書かれていない。

「校長先生が授業していいんですか」と言うと、「だって、しょうがないでしょうが」と、また怒りを含んだ言葉が返ってきた。

校長はいったい代役を見つけられたのだろうか。

学校を後にしてからも、「基礎基本の学習」がきちんと取材できず、原稿をどう書くかより気になってしかたなかった。

東京に戻って二週間たち、心配になって電話をすると、校長の声は、どこかほっとしていた。退職した教員に頼み込んで、なんとか来てもらえることになったという。

校長は言った。「やれやれです。まずはね。でも、また一人、休みそうです」

「探しても、探しても、探しても」という、あの切羽詰まった声は、一〇年以上たったいまも、まだ耳に残っている。この声に背中を押されて、筆者は、非正規教員の不足の全国調査がやはり必要だと強く思うようになったのだった。

その後、筆者は教委へのアンケート調査をしながら、学校で何が起こっているのか、関係者から具体的な話を聞き取る取材を進めた。状況が厳しいのは西日本だけでなく東日本、さらには全国であることがわかった。管理職だけではない。学校現場全体が影響をもろに受け、教員が苦しんでいる状況もまた浮かび上がってきた。

教務主任と担任を一人で受け持つ

「日曜の午後二時、学校に来てください」

東北地方の、市立小学校の女性の教員(四二)にある年の八月、取材を申し込むと、そんなメールが返ってきた。この教員は教務主任を務めている。夏休み中であっても変わらず学校に来ている。一週間のうち、日曜日の午後の時間帯が比較的ゆっくりできるという。教員はそこで二時間ほどかけて、非正規教員の不足によって自分が置かれた状況を問わず語りに語ってくれた。こんな話だ――。

教員はその前年、教務主任を初めて引き受けた。

教務主任とは、どの教員がどんな教科を何時間担当するかという時間割を管理し、行事を計画し、評価方法を確認する、いわば学校の「背骨」の計画を立てる重要なポストだ。三月初め、「新年度、教務主任をやってもらいます。頑張ってね」と校長から言われ、教員は緊張しながら「はい」と答えた。そのとき、まさか別の職務も兼ねることになろうとは思わなかった。

自閉症スペクトラムの児童が転校してくることがわかったのは、その二週間後、学年末の三月末のことだ。その子のために、既に三学級ある特別支援学級に、さらに一学級を設けることになった。特別支援学級は、学級編制の標準が八人。つまり八人以下を一人の教員が受け持つ。三五～四〇人を教員一人で担当する通常の学級に比べると手厚い配置となる。障害の種別(知的障害、肢体不自由、病弱・身体虚弱、弱視、難聴、言語障害、自閉症・情緒障害)ごとに一人の在籍でも一学級、つまり一人の担任を配置する方針を、この市もとっていた。

だがこの教員の学校には、人がいない。

教員は、四月初めの夕方、校長室に呼ばれた。校長はこう言った。「急な学級増なので、正規の教員は来ない。フルタイムの臨時的任用(常勤講師)の教員もいないと教委に言われたよ」

「えっ、どうするんですか」と言うと、「ぎりぎりまで待ってみるしかないが、最悪の事態を考えておかないといけない」と言われた。

「最悪の事態」とは、教員が来ず、いまの態勢のなかで吸収する事態のことだと教員は察したという。職員室のメンバーのなかで、担任を持っていないのは、自分と音楽専科の教員だけだ。しかも、この学級に朝から夕方までかかわることができるのは、授業をしていない自分しかいない。

だが教務主任は業務が多いため、学級担任にならないことが多い。「教育委員会はなんだかんだいって、フルタイムの先生を見つけてくれるだろう」。教員はまだそう思っていた。

しかし、日にちはじりじりと過ぎてゆく。

職員室でも「特別支援学級が増えるんだって?」「だれが持つの。いないじゃない?」とひそひそ話が始まった。「教務主任しかいないいんじゃないの?」という声が何かの拍子に耳に入った。

そして始業式の三日前、再び、校長室に呼ばれて言われた。「どう頑張っても、見つからなかったんだそうだ。私も探したが、だめだった。申し訳ないけれど、特別支援学級の担任を兼任してもらえないか」

やっぱり、と教員は思ったという。

「教務主任は大変な仕事だけれど、午後七時には帰宅できそうだ」、と会社員の夫、小五と小二の娘たちに説明していたが、そうはいかなくなる。しかし、だれかが引き受けなければいけない。

「わかりました」と答えると、校長は「一日も早く(代役の非正規の先生を)手配するから」と言った。あてがあるのだろうか、と教員は心のなかでつぶやいたという。

教員は特別支援学級を担任したこともなければ、自閉症スペクトラムの子どもを指導したこともない。ネット書店で本を何冊か求め、読んだが、生身の児童は本の通りにはいかない。

子どもが同じことをずっと話し続けるとき、かんしゃくを起こすとき、どうすればよいか。特別支援学級の指導経験が豊富で、いまは肢体不自由の子どもを担任する隣の学級の教員や養護教諭に聞きながら指導する。

そして夕方、特別支援学級の担任の仕事が終わると、別の自分にスイッチする。今度は教務主任の仕事が待っている。時間割の計画作り、市教委から来た事務連絡の確認、次の職員会議の議題の整理……。

ふと気付くと、職員室にはだれもおらず、午後一一時を回っている。その連続だった。そう先生は話す。

四月初めから五月末まで休みなし。超過勤務は月八〇時間の過労死ラインをはるかに超え、一三〇時間に迫っていた。帰宅すると、家事と小学生二人の子どもの世話が待っている。睡眠時間は四時間を切っていた。

そんな生活が続いた後、六月のある月曜日、頭痛がひどく、めまいがして、とうとう早退した。しかし翌朝、特別支援学級の子どもは登校してくる。無理をして出勤し、二時間早く、それでも午後九時ごろなのだが帰宅するようにして、週末を迎えた。

「おまえ、死んでも平気なのか。いい加減にしろ」。夫に厳しく叱られ、はっと気付いた。「そうだ、このままでは、私、死んじゃうかもしれない」

週明け、校長室のドアをたたいた。「先生、もう無理です」。校長に訴えると、様子がわかっていたようだ。「教育委員会に限界だと伝えてある。二週間後にはなんとかしたいと言ってきました」と校長は言った。

すぐに人を手配してくれなければ、やめる。教員はそんな覚悟で校長に談判しようとしたはずだった。なのに、二週間という目標ができれば頑張れる気がして、頭痛薬を朝飲みながら兼任を続けた。「自分でもばかだな、と思うんです」と教員は言う。

代役の教員が実際に配置されたのは、それから一〇日後だった。

「もし一学期末まで兼任を続けるように言われたら、とてももちませんでした」と教員は話す。なのに、なぜ無理をしてまで頑張ったのか。そこまで犠牲にならなければいけないのか。「いないと言われれば、子どものために、なんとか対応しなければならない。それが子どもと接している現場の役割なのです」と教員は言った。

「子どものため」――。そのためには、矛盾をいつもスポンジのように吸収する。それが、果たして「現場の役割」なのだろうか。

もちろん管理職は教委に現場の苦しさを訴えてはいた。しかし「もう無理です」と社会に訴え、問題を明らかにするという選択肢もあるのではないか。筆者はそう思ったが、ぎりぎりまで頑張った教員に、そう問いかけることはできなかった。

職員室の教員の机には、買い置きした頭痛薬の箱の入ったレジ袋がつるしてあった。

集中する負担と「連鎖休職」

教務主任の教員は、負担を抱えながらなんとか兼務を果たした。だが、負担を抱えきれなかった例もある。

北関東地方の市立中学校では、ある年、精神疾患で病休をとる教員が九月と一〇月、相次いで二人出た。教委は臨時的任用教員を探したが、見つからない。

病休の教員の担当教科は、ともに数学だった。中学校が小学校より不足の状況が厳しいと言われるのは、「教科担任制」で同じ教科を専門とする教員でなければ代役は務まらないためだ。つまり条件が厳しく、「ストライクゾーンが狭い」(市教委)からだ。

代わりの教員が来ないとなると、同じ数学を受け持つ教員たちで授業時間を分担し乗り切るしかない。授業のコマを割り振ると、授業のない「空き時間」が半減し、週に二、三時間ずつになった。空き時間といっても、教員たちは休んでいるわけではない。授業準備や事務仕事などをしているのだ。

教員二人が倒れたこと、どんな態勢で臨むかということは、生徒たちに不安を広げないよう言葉を選んで伝え、保護者にも保護者会で説明した。ただ、どう授業時間を捻出したかまでは話せなかった。

「空き時間は、いざ消えてみると、貴重な時間でした。事務仕事を集中してこなせたから」と同じ数学担当の教員(三三)は言う。それを放課後に取り組もうとしても、部活動や生徒会の指導がある。事務仕事は、平日は空き時間を除けば、部活の終わる午後六時半過ぎからしか取りかかれない。授業準備はさらに後回しになり、帰宅して食事をし、深夜になってからとなった。「授業準備は(どう授業すればよいか、教科書会社が具体的に解説する)指導書をざっと見ておしまいという自転車操業になりました」

土日もつぶれた。「事務仕事は休日出勤してこなさないと、終わらない」と、この教員も話す。ある日曜日の午後、出勤してみると、ほかにも出勤していたのは全員数学の教員だったこともあった、と教員は言う。

そんな日々が続き、一一月末ごろ、一人の数学を担当する同僚が体育館でバレー部の面倒を見ていたときにいきなり倒れ、救急車で病院に搬送された。翌一二月には今度は、別の教員が、精神疾患で休むことになった。

「連鎖倒産」ならぬ「連鎖休職」――。

「まるで将棋倒しのように倒れていった」と教員は語る。休みをとる教員が出ても、非正規の教員が来ず、いまいる教員だけでなんとかもちこたえようとすれば、無理が出てくる。それは当然の話だ。

「みんな、ふだんでも、ギリギリで勤めているのに、そこに新しい業務が加わると、もうだめだ。満杯のコップの水に一滴たらされると、どっとあふれるみたいに、オーバーフローしてしまう」と教員は言う。

さすがに大変さが伝わったのだろう。「教育委員会はすぐに代役となるフルタイムの常勤講師を、この中学校に優先して回してくれた」と校長は話した。

「すぐに回せるなら、もっと前に回してほしかった」と教員たちは話したという。

「だれかが連続して倒れなければ、フルタイムの先生が来ないとはおかしいじゃないですか」と筆者は教員に問うてみた。「しかし、それが現実なんです。おかしいと言っても人が来るわけじゃないです」。教員は言った。

たしかにこの教員の言う通り、抗議したところで人は来ないのかもしれない。

しかし、「なんとかしなければ」という教員の善意に依存して学校が運営されるのは、やはりおかしい。取材当時のノートのメモに、筆者はそう書いている。

専門外の教科を教える苦しみ

一方、代役で入った教員のつらさもある。

西日本の中学校で、ある男性の教員(三八)がフルタイムの講師として育休をとる教員の代わりに入り、その教員が受け持っていた社会科の授業をすることになった。ところが、教員の免許は国語だ。

「育休で休みに入る先生は社会科なので、社会科をなんとかお願いします」。そう校長に言われた。

いきなりリリーフで入り、人間関係を築けていない子どもたちに授業をするだけでもきつい。そこに専門以外の教科を教えなければいけないとは。

「ほかに人がいない。なんとかやってみてほしい。大変悪いですが、そこをなんとか」

校長に何度も頭を下げられ、教員はしかたなく引き受けた。そして社会科の臨時免許を出してもらい、授業をすることになった。

「引き受けて、うまくいけば、教員採用試験で推薦してもらえ、有利になるかも、という下心がなかったとは言わないです」と教員は言う。

ところが生徒の前に立ってみると、自分が「ガチガチ、ガチガチと緊張で『四角く』なっていくのを感じた」と教員は言う。「国語の授業では、そんなことはなかったのに」

教科書会社の出した指導書で予習していくのだが、非正規ながら長年教えた教科ではないので、頭に入ってこない。

結局、教科書をそのまま読んで説明し、指導書から要点を引き写した自分のノートを黒板にさらに転記し、生徒はそれを写して終わる授業を続けることになった。

そんなある日、男子生徒が珍しく「質問です」と手を挙げた。

「先生、島原の乱はなぜ島原なんですか」。教室にどっと笑いがわいた。

なぜ、島原――。

「なんなのだ。言っていることがわからない」。教員は、この生徒に馬鹿にされたと思うと、頭に血が上った。「島原は、島原だ。だから島原の乱というんだ。どうしてわからないんだ!」

気がつけば、その生徒を叱りつけていた。

「すみません」。生徒が着席すると、教室にはきまずい空気が漂い、沈黙が広がった。しばらくして授業は終わった。

次の時間で、別のクラスにどんな授業をしたか、教員は記憶にない。

昼休み。職員室の席に戻って、考えた。あの子は、乱はなぜ島原で起こったのか、どんな要因があったか聞きたかったんじゃないか。それを尋ねられたのに、自分は未熟な授業を馬鹿にされたと思って逆上した。答えられない自分のほうが悪かったのに……。

その日、給食ものどを通らず、教員は校長室に向かった。授業の顚末を報告した後、伝えた。「国語の教師が社会を教えるなんて、そもそも無理でした。やめさせてくださいませんか」

しかし願いは聞き届けられなかった。

校長は依頼したときとは正反対の、厳しい口調で言った。「君がいなくなると、もう代わりはだれもいない。子どもを見捨てるつもりか。君にやってもらわなければ困る。何がなんでもやりたまえ」

そうだ、子どもにこれ以上、迷惑をかけるわけにはいかない。

その日から、必死の教材研究が始まった。出版されている全社の教科書と指導書を並べて読み、資料を探す。睡眠時間が四時間の日が続いたが、半年後、もとの教員が復帰してくるまで続けた。

振り返って、教員は言う。「頼まれても専門外の社会科なんて教えるべきじゃなかった。子どもに申し訳なかったです。子どもたちの前に立っていいのは、少なくとも免許を持っている先生でなくては。そうでなければ、生徒への責任を果たすことができない」

筆者は教員と話した。教員の生徒への責任とはなんなのだろう。

これまで取材してきた、授業ができない事態を水際で防いでいる教員たちの話を、この教員に伝えると、こんな答えが返ってきた。「授業ができない事態を食い止めるのも責任なら、免許を持つ先生をあてるべきだと発信するのも責任だったと思います。僕は非正規の身で、それができませんでしたが」

弱い立場の非正規教員にとって、世の中に教員不足の実態を訴えることは不可能に近い。

実験猛特訓したけれど

つらいのは、リリーフの役目を果たす彼らだけではない。代役がなかなか来ないのを知りながら休まざるを得ない教員本人もだ。

南日本の市立中学校に勤める理科の女性の教員(三八)は、代わりの教員が来てくれるかどうかハラハラしながら病休をとった。一〇月のある日、学校に向かおうとしても朝、起き上がれなくなったからだ。片道一時間あまりの長距離通勤に部活顧問、そして介護と家事が重なったのが原因だった。

「もうダメだ」と思いながら、同時に考えた。「私の代わりに教えてくれる人はいるだろうか」

休職に入って一週間して、代役の教員はやってきた。そう聞いてほっとしたが、校長は電話で告げた。「四〇代の男性の体育の先生なんだよね。来てくれるだけでありがたいよ」

免許は体育のみで、理科はないので、臨時免許を出すという。同僚の理科の教員が、授業の指導の流れを書いた紙や、生徒に配るプリントを用意してくれることになった。

しかし、体育の教員は当然ながら、実験はやったことがない。どうするか。やむをえず、別の理科の同僚が放課後、一緒にやってみることにした。ところが、酸化銅から銅を還元して取り出せるかを調べる実験では、試験管を熱するガスバーナーの扱いに慣れておらず、ひっくり返してしまった、と聞いた。

続いて、簡単な解剖をしてみようと煮干しでやってみた。頭に爪を当てて二つに開いて中の脳を観察する。さらに胴体の背中の部分に爪を当てて開くと、脊椎や心臓、胃、腸などがわかる。

ところが頭を割り、背中を開く作業が、なかなかうまくいかない。「二〇匹あまり特訓して、できたよ」と同僚から聞くと、気が気ではない。「実験の授業だけは私、やるから」と同僚に言うと、止められた。

理科を初めて教える教員は実験の授業の前夜、午後一〇時過ぎまで理科室に残り、実験を繰り返して「自主トレをしていた」と教頭から聞いた。休職中の教員は、休んでいて申し訳ないという気持ちがつのり、休んでいるのがいたたまれなくなったという。

「理科の教員の私が体育を教えるようにと言われたら、同じように四苦八苦するだろう」。休職から復帰したいま、教員は振り返る。

その教員は「特訓と自主トレの成果で、授業は無事こなすことができた」と同僚から教えてもらった。「必死だったと思う」と教員は話す。

だが、気になったのは、子どもたちのことだ。休みが明け、生徒に聞くと、「代役の先生がずっと下を向いて話すだけで、かわいそうだから、わからなくても聞かないようにしていたよ」という答えが返ってきた。「実験も先生本人が必死でやっているから、ちょっとしたことを質問したいと思ってもできなかった。実験？ うまくいかなかったよ」と言う生徒もいた。

「生徒たちは、どこまで理科の実験の面白さを感じることができただろうか。そこまで望むのは難しいけれど……」と教員は言う。

では、だれが悪かったのか――。

「休んだ自分が悪い」。教員はいまも自分を責めている。

妊娠を喜べない

各地の教育現場では、産休や育休をとる教員が多い。ベテランの教員と入れ替わりに採用された若手が、いま適齢期を迎えているからだ。

首都圏の公立中学校に勤める教員(三二)は、三〇代に入って妊娠した。二〇代のころはゆとりがなく、流産の経験もあり、「やっと授かった命だった」と教員は話す。

だが、妊娠を校長に報告するのは気が進まない。同じ職場の先輩の女性教員が昨年、出産したが、代わりの教員がぎりぎりまで決まらずにいたからだ。

「周りは『おめでとう』と言いながら、実は『代わりが来ないのでは。困ったな』と思うんじゃないか……」。先輩の教員が、「おめでとうだけど、おめでたくない」と陰口を言われていたことを教員は思い出した。

ある日、教員は校長室をノックし、思い切って妊娠したことを切り出した。「顔がこわばっていたと思う」と教員は振り返る。

校長は「おめでとう。よかった、よかった」と笑って言った。職員室の同僚たちにも、妊娠したことを少しずつ話してみると、やはり「よかったね、おめでとう」という反応が返ってきた。少しほっとした。

だが、やはり「『もう、困るなあ』と思っているのでは」と疑心暗鬼になる自分もいたという。

やがて、教員はつわりが続き、休みがちになる。

「すみません」「申し訳ありません」と頭を下げることが連続した。自分がさらに卑屈になった。

「産休・育休をとるのは権利だともちろん思っています」と教員は話す。ただ代わりの教員が来ないと、職場に迷惑をかけるのは目に見えている。

なんとかしないと、と自分のつてをたどって、来てくれる教員がいないか探し続けたが、見つからない。結局、教委が代替の教員を決めるまで、探しあてられなかった。

話はそれで終わりではない。産休をとる日までに事務作業が終わりそうもない。成績もつけなければならない。周囲に迷惑をかけるわけにはいかないと、早朝や土日に出勤して少しずつ仕事を終わらせた。

家にも書類を持ち帰った。めまいがする。食欲もない。病院に行くと、医師から「おなかのお子さんの育ちが悪いですよ。このままでは流産してもおかしくない。子どもより仕事が大切なのですか」と諭された。

「子どもの命が大切なのはわかっている。でも、仕事は自分がせざるを得ないではないか。なんとか切り抜けるしかないではないか」と教員は思った。食欲がないのに無理をして食事をとり、戻してしまったこともある。立ちくらみもひどかった。結局、妊娠九カ月の早産となってしまった。

「妊娠するのは悪いことなんだろうか、と自分に問いかける。いや、そんなはずはない、と言い聞かせる。その連続でした」と教員は振り返る。

当時から三年が過ぎた。教員は二人目の子どもを産み、育休をとっている。連続して休めるよう妊娠のタイミングを探ったという。「休みをまとめて、ゆっくり、じっくり子育てをしたいと思いました。でも、それだけでなく、妊娠のたびに人探しをお願いするのも気がひけるという気持ちもありました」

「産休・育休はいったん取得すると、延びる傾向にある」と教委の担当者は言う。

やはり連続して出産した別の女性教員にそのことを話したときの、返ってきた言葉が筆者は忘れられない。「代役が来ない現状への静かなストライキかもしれないです」

「保水力」を失った学校

授業が始まると、担当の先生が子どもたちの前にいる。それがごく当たり前のことだったはずが、先生がいない。このことが与える衝撃の大きさをレポートしてきた。校長も、休みに入る教員も、授業を新たに担当する教員も、詳しく知らされないままの保護者も、そして気持ちがすさんでいく子どもたちも、一人ひとりを取材していると、何度も胸が詰まりそうになった。

子どもたちが受ける影響は、管理職や教員たちの「子どものためになんとかしなければ」という努力がなければ、もっと強く大きいものになっていただろう。教員たちは、無理を押して長時間にわたり働き、心身の不調で苦しむなか、なんとか自分たちで衝撃を吸収し、子どもに及ばないようにしようとしていた。

ただ学校は、その姿をなかなか外に見せようとはしない。問題を保護者に率直に告げることはタブー視される。PTA会議での「このなかに教員免許をお持ちの方はいらっしゃいませんか」との訴えに、「全く知らなかった」と驚きを示した母親の声は、こうした学校の「内向きの努力」が生んだ、学校と保護者のギャップと言えるかもしれない。

しかし、こうした個々の教員たちの努力では、問題はもはやどうにもならない段階まで来ていると感じる。「子どものために」と無理を重ねた末、教員たちは体を壊して学校を休んでしまう。あるいは、教職を諦め、去ってしまう。その結果、最後に影響を受けるのは、ほかならぬ子どもたちなのだ。二〇一〇年にこの問題の取材を始めてから、筆者はそんな様子を見てきた。

どの子どもにも学ぶ権利があるにもかかわらず、保障されていない。それがなぜもっと問題にならないのかと、いらだちに似た気持ちを持ち続けてもいた。

それから一〇年あまりたち、いま、やっと国が調査に乗り出すなど、問題が明らかになってきている。それは「子どものために、なんとかしなければ」と学校のなかで問題を解決しようとした教員の献身が、もはや限界に達していることの表れでもあるのだろう。

学校現場はいま「働き方改革」に取り組んでいる。過労死ラインを超えて働く教員たちは多い。もはやかつてのように、先生がいないという問題が起きても吸収する「保水力」がなくなっている。そう指摘する東京都の区立中学校長もいた。

それを聞きながら、筆者はいまこそ非正規の教員の不足というこの問題がなぜ生まれ、どう向き合うべきかを考える好機ととらえなければならないのでは、と思ったのだった。

次章では、こうした教員不足をめぐる「原因」について掘り下げていく。

第三章　先生が足りない理由

なぜ、非正規教員の不足という問題が起きるのだろうか。第三章では、その原因を掘り下げる。

文科省調査が示す「要因」

まず教員を配置する役割を負う自治体の教育委員会は、原因をどう見ているのだろう。第一章でも触れた文部科学省の二つの調査から、それはうかがえる。ここでは改めてこれらの調査を詳しく見る。

一つは、文科省が二〇一七年度に計一一の道県・政令指定都市に抽出で行った「いわゆる『教員不足について』」(二〇一八年八月二日)。二つ目は二一年に計六八の都道府県・政令指定都市・大阪府豊能地区に全数調査で実施した「『教師不足』に関する実態調査」(二〇二二年一月)である。

二つの調査はどちらも、教員不足をめぐって考えられる要因を提示し、各自治体の担当者に、「よくあてはまる」「どちらかといえばあてはまる」「どちらかといえばあてはまらない」「あてはまらない」「わからない」の五択で聞いている。各自治体が何を要因と思っているかの「認識」を問う調査と言っていい。

二〇一七年度調査の横棒のグラフ群を見ると、グラフの上のほうにあるのは、「産休・育休取得者数の増加」「特別支援学級数の増加」など「欠員又は必要教員数の増加に係るもの」、つまり、代わりの教員を求めるニーズ、「需要」の側の要因だ(第一章、図1-4参照)。

下のほうは、「講師登録名簿登載希望者数の減少」「教員の勤務環境に対する風評による忌避」など「臨時的任用教員等の確保に係る困難に係るもの」、言い換えれば、なり手が足りないという非正規教員の「供給」の側の要因である。

こうした区分けは二〇二一年度調査でも同じく、図の通り「①見込み数以上の必要教師数の増加」(アンケート結果①)、「②臨時的任用教員のなり手不足」(アンケート結果②)の二つに分けて原因を探っている。いずれの調査でも、その要因を正規教員の代わりとなる非正規教員の「需要」と「供給」の両側面からとらえようとしていることがわかる。

新しい二〇二一年度調査のほうで、まず「需要」の側の結果を見てみよう(図1-5再掲)。五択のうち「よくあてはまる」「どちらかといえばあてはまる」と答えた自治体の合算

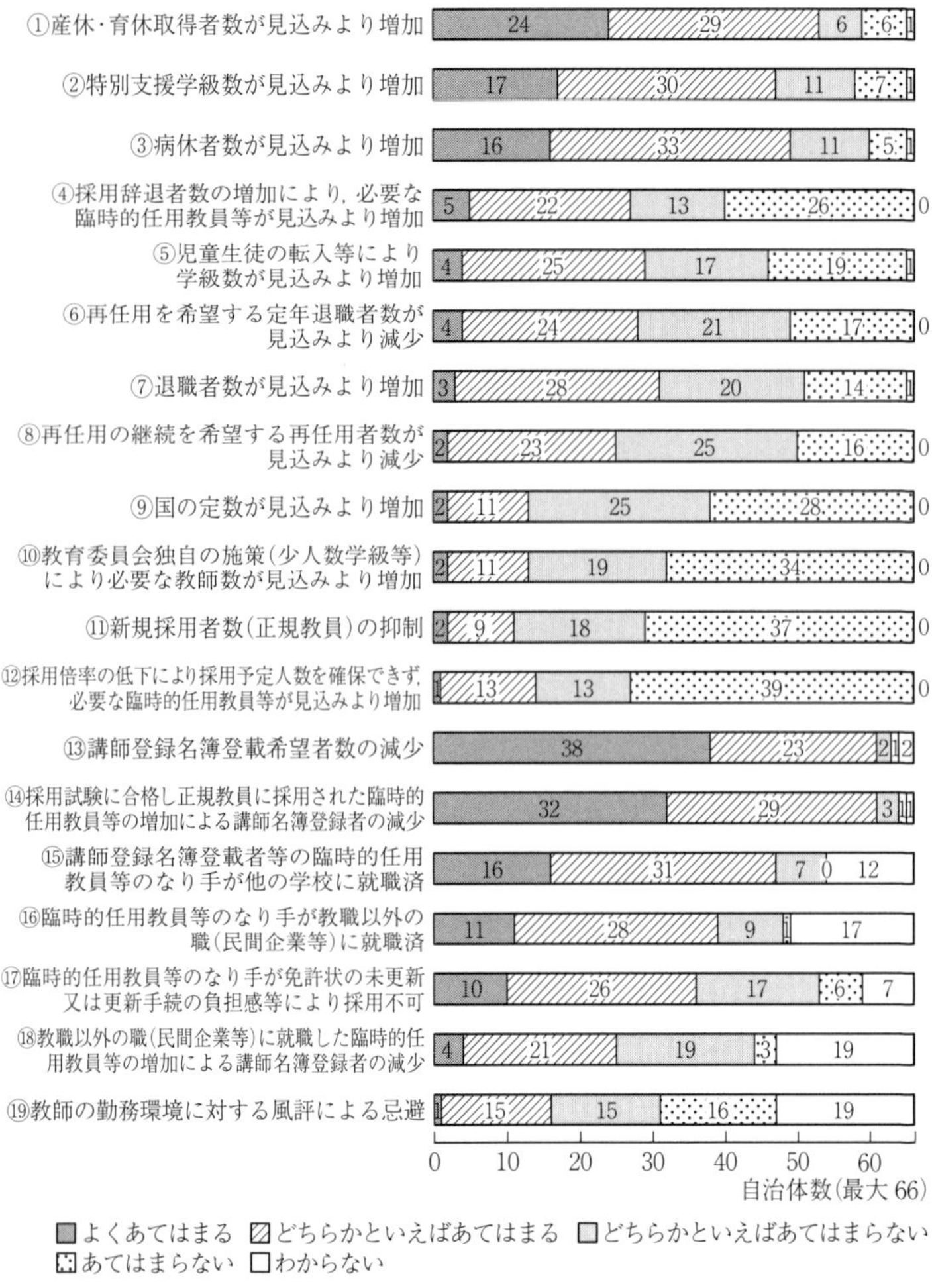
①産休・育休取得者数が見込みより増加
24 29 6 6 1
②特別支援学級数が見込みより増加
17 30 11 7 1
③病休者数が見込みより増加
16 33 11 5 1
④採用辞退者数の増加により，必要な臨時的任用教員等が見込みより増加
5 22 13 26 0
⑤児童生徒の転入等により学級数が見込みより増加
4 25 17 19 1
⑥再任用を希望する定年退職者数が見込みより減少
4 24 21 17 0
⑦退職者数が見込みより増加
3 28 20 14 1
⑧再任用の継続を希望する再任用者数が見込みより減少
2 23 25 16 0
⑨国の定数が見込みより増加
2 11 25 28 0
⑩教育委員会独自の施策(少人数学級等)により必要な教師数が見込みより増加
2 11 19 34 0
⑪新規採用者数(正規教員)の抑制
2 9 18 37 0
⑫採用倍率の低下により採用予定人数を確保できず，必要な臨時的任用教員等が見込みより増加
1 13 13 39 0
⑬講師登録名簿登載希望者数の減少
38 23 2 1 2
⑭採用試験に合格し正規教員に採用された臨時的任用教員等の増加による講師名簿登録者の減少
32 29 3 1 1
⑮講師登録名簿登載者等の臨時的任用教員等のなり手が他の学校に就職済
16 31 7 0 12
⑯臨時的任用教員等のなり手が教職以外の職(民間企業等)に就職済
11 28 9 1 17
⑰臨時的任用教員等のなり手が免許状の未更新又は更新手続の負担感等により採用不可
10 26 17 6 7
⑱教職以外の職(民間企業等)に就職した臨時的任用教員等の増加による講師名簿登録者の減少
4 21 19 3 19
⑲教師の勤務環境に対する風評による忌避
1 15 15 16 19
0 10 20 30 40 50 60
自治体数(最大66)
よくあてはまる
どちらかといえばあてはまる
どちらかといえばあてはまらない
あてはまらない
わからない

図 1-5　文科省調査(2021年度)における「教師不足」の要因

が最も多かったのは、「産休・育休取得者数が見込みより増加」で五三自治体(全自治体の八〇・三%。以下、不足が発生していないと答えた二自治体を除く六六自治体のなかの割合を示す)だ。各地の教育現場は、第二次ベビーブームの子どもたちを教えたベテランが退職し、二〇代など若手が増えている。その世代が妊娠、出産の時期を迎えているため、代替となる非正規教員が必要となる。二〇一七年度の調査の一位も、同じ「産休・育休取得者数が見込みより増加」だった。

二〇二一年の二位は「病休者数が見込みより増加」で四九自治体(七四・二%)。一七年度調査で二位だった「特別支援学級数の増加」を抜いた。

文科省のデータによると、病気休職した教員は、二〇一六年度は七七五八人だったのが、一七年度七七九六人、一九年度八一五七人、二一年度八三一四人と高止まりしている。背景にあるのは現場の多忙な状況と見られる。

病気休職者のうち精神疾患で休んだのは、二〇一六年度は四八九一人だったのが、一七年度には五〇七七人に。一九年度五四七八人、二〇年度五二〇三人と五〇〇〇人台を上回るようになってきた。そして二一年度には五八九七人と過去最多となった。教員の仕事は、自らの感情をコントロールすることを強いられる「感情労働」としての面を持つが、その厳しい勤務の状況がうかがえる。こうした疾患を患う教員たちの代役の必要性も、産休・

育休の場合とともに拡大しているのが現実である。

一方、「よくあてはまる」「どちらかといえばあてはまる」と答えた合計が四七自治体(七一・二%)に及ぶ「特別支援学級数が見込みより増加」はどうか。こちらも順位こそ下がったものの、大半の自治体で依然大きな要因となり続けている。

発達障害が広く認知され、診断される子どもが増えたこと、一人ひとりに合わせた指導計画による対応など、きめ細かい支援を求める保護者が増加したこともあって、特別支援学級を選択する子どもと保護者の数が膨らんできている。

加えて、特別支援学級の担任の人数の決め方が通常の学級とは異なるという事情もある。特別支援学級は学級編制の標準が八人と、通常の学級の三五人以上と比べて少ない。障害の種別(知的障害、肢体不自由、病弱・身体虚弱、弱視、難聴、言語障害、自閉症・情緒障害)ごとに、原則として一人の担任が必要となり、通常の学級より学級数が上下する可能性が大きくなる。

さらに、子どもが通常の学級に在籍するのか、それとも特別支援学級に在籍するのか、その決定が年度末ぎりぎりになることも少なくないという。担任が何人必要なのか、新年度直前まで決まらず、数を見込んで配置した常勤講師も結果として足りなくなってしまう。

そして、非常勤講師をあてることもできなかった場合、この調査が示すような「教員の不足」が生じてしまうのである。

ここで確認しておきたいのは、非正規教員の未配置のきっかけになっている教員の産休・育休や病休の仕組み、特別支援学級の、通常の学級より細やかな学級編制は、いずれも重要な制度だということである。教員が安心して産休・育休や病休をとるのは当然の権利であり、その間の子どもたちの学びを保障するのは教委の責務だ。特別支援教育の必要な子どもたちに細やかな教育を用意するのも重要な措置である。問題なのは制度ではなく、教員を配置できないことにある、ということは何度強調しても、し過ぎることはない。

そうした「産休・育休取得者数が見込みより増加」「病休者数が見込みより増加」「特別支援学級数が見込みより増加」という五〇自治体前後が挙げた三つの要因を「第一グループ」とすると、三〇自治体前後の「第二グループ」は、「退職者数が見込みより増加」(三一自治体、四七・〇%)、「児童生徒の転入等により学級数が見込みより増加」(二九自治体、四三・九%)、「再任用を希望する定年退職者が見込みより減少」(二八自治体、四二・四%)、「採用辞退者数の増加により、必要な臨時的任用教員等が見込みより増加」(二七自治体、四〇・九%)、「再任用の継続を希望する再任用者数が見込みより減少」(二五自治体、三七・九%)だ。

「退職者増」「再任用希望者減」「採用辞退者増」「再任用の継続を希望する再任用者減」……。教員という仕事に背を向ける人が、ベテラン、教員の卵の両方とも、見込みより多かったことを示す結果が並んでいる。

「いまの多忙を極める現場で定年まで働き続けるのは、体も心もきつい」と定年前にやめる教員、手を貸してほしいと頼まれながら「定年退職後、再任用され、さらに小学校の学級担任を務めるのは体力がもたない」と断った元教員、「再任用されて授業を続けたけれど、さらに続行するのはもう限界」と言うベテラン。「採用されたが、地元の会社に受かったので、親の勧めもあってそちらを選んだ」と話す学生……。そこから現場の環境の過酷さが透けて見える。二〇二一年は都道府県・政令指定都市をすべて調査しているだけに、その数字は重い。

教員のなり手減の実情

一方の「供給」の側も見てみよう。

一位は「講師登録名簿登載希望者数の減少」が六一自治体(九二・四%)、「採用試験に合格し正規教員に採用された臨時的任用教員等の増加による講師名簿登録者の減少」が六一自治体(同)と並んだ。

「講師登録名簿登載希望者数の減少」はそれ自体、なかなか要因とはとらえがたい。名簿登載とは、チャンスがあれば非正規教員をやりたいという人がエントリーしておく仕組みで、正規教員の不足が生まれたとき、名簿に登載された人に講師の打診がいくことになる。その登載希望者が減って打診ができなくなっているということなのだが、減った要因が知りたいのだ。

それに匹敵する数の自治体が挙げたのが、「採用試験に合格し正規教員に採用された臨時的任用教員等の増加による講師名簿登録者の減少」という理由だ。つまりベテランの世代が近年、大量退職し、それを埋めるために正規教員の採用枠が増えて採用試験の倍率が下がったため、非正規の教員が合格しやすくなった。それで講師名簿に登載する人が減ったという前述の要因だ。

また、文科省によると、公立学校の採用倍率は、受験者の減少に歯止めがかからず、二〇二二年度採用の場合、小学校は二・五倍と四年連続で過去最低となっている。受験者数は前年度に比べて二八一二人減り、四万六三六人で、採用者数は前年度比二八八人減の一万六一五二人。受験者数の減り幅が大きいために倍率が下がったことがわかる。

受験者のうち大幅に減っているのはだれか。それは「既卒者」だ。新卒者はむしろ前年比二五六人増だったが、既卒者は前年比で三〇六八人減っている。教員不足の要因について九割を超える自治体が「採用試験に合格し正規教員に採用された臨時的任用教員等の増加による」を選んだのを裏付ける数字である。

三位は「講師登録名簿登載者等の臨時的任用教員等のなり手が他の学校に就職済」で四七自治体(七一・二%)。なり手が不足し、学校間での「取り合い」になっている現状がうかがえる。

他方、学校現場での非正規教員の「取り合い」という図式にとどまらないことがうかがえるのが、四位の「臨時的任用教員等のなり手が教職以外の職(民間企業等)に就職済」であり、三九自治体(五九・一%)に及ぶ。このことから教員という仕事が受験者にとって唯一無二の選択肢ではなく、民間企業も含めた職の一つとして相対化されていることが浮き彫りになっている。

五位は「臨時的任用教員等のなり手が免許状の未更新又は更新手続の負担感等により採用不可」で三六自治体(五四・五%)だ。せっかく代役を探しても、免許状更新講習を受けておらず採用できなかった例は少なくない。文科省は更新していない人に臨時免許状を出す形でしのごうとしたがやはり難しく、結局、二〇二二年、教員免許更新制を廃止することになった。

意外に少ないと感じるのは、「教師の勤務環境に対する風評による忌避」で一六自治体(二四・二%)である。教員の勤務環境の厳しさはいまや広く知られるところだが、この結果からはそうした影響による忌避は大きくないようにも思える。他方、このアンケートの項目自体からは「学校現場の現実ではなく、風評によって忌避されているのだ」というニュアンスが感じられる言葉の選び方とも言える。

勤務環境の厳しさは、病気で休む教員や定年前にやめる教員、定年後に再任用を選ばないベテラン、採用試験に合格しながら教職を選ばない学生たちが相次いでいることの背景にあり、教員不足の全体の通奏低音になっている。彼らの話を取材していると、そう理解したほうがよいと筆者は考える。

教員不足の四段階

では、文科省の挙げたこれらの要因で、果たしてすべてなのか。人事権を持つ都道府県と政令指定都市という自治体単位でアンケートし、答えた自治体の数が多い要因を、実態として大きいものと見てよいのだろうか。

文科省調査で上位になっていたのは、産休・育休、病休の教員増、特別支援学級数の増加、採用試験に合格した非正規の教員の増加、退職教員の増加、再任用を希望する定年退職者の減少……など、いずれも非正規教員が不足する「目に見える要因」、つまり直接的な要因である。しかし、その背後にあるものこそ問題の本質であるはずだ。

それを示しているのが、慶應義塾大学の佐久間亜紀教授と元小学校教員の島﨑直人さんがX県について調べた研究である（「公立小中学校における教職員未配置の実態とその要因に関する実証的研究」『教育学研究』八八巻四号、二〇二一年）。

この調査は、X県という自治体のすべての教育事務所、そこに含まれない県内三つの市区町村教委に直接個別に照会したものだ。文科省の教員不足の調査は市区町村の把握する不足の件数を対象としていないだけに、X県という限られた自治体のデータとはいえ緻密だ。県名を明らかにしていないのは、それを条件に自治体の協力を得たためだ。

非正規教員の不足数を数えるのは、自分で調査してみても、大変難しい。国が負担金を通じてつかめる不足と、都道府県や政令指定都市の把握する不足と、市区町村のつかんでいる不足の数字が異なっていることが多い。朝日新聞の都道府県や政令指定都市への調査でも、「どこの段階での欠員ですか」という自治体からの問い合わせが重なっていた。

しかし、二人の調査はこうした県で最後に原因をまるめた数字とは違い、学校、市区町村、教育事務所、県とそれぞれの段階を追って要因を探り、非正規の教員不足のダイナミズムを浮き彫りにする形になっている。しかも人数は、非常勤講師の時間数を常勤の時間数に換算して常勤何人分とした「換算方式」によるものではなく、一人の教員は一人とカウントした「実数方式」である。その点で、生身の人間がどれだけ足りないかが提示された形だ。

まず二人は、現場の教員の数が本来必要な数に達していない状態を「教員未配置」と定義した。ここで言う「未配置」とは、教員が不足して授業ができない状態だけではなく、正規の教員を配置しなければならないのに欠けている状態(第一次未配置)、その穴を埋めるためにフルタイムの臨時的任用教員(臨任)を雇っても確保できない状態(第二次未配置)、雇う対象を非常勤講師まで広げても確保できない状態(第三次未配置)――のすべてを指している。つまり教員不足をストップモーションで把握しようとしたのだ。これでいくと、教員が不足して授業ができない状態は「第四次未配置」となる。

ここで佐久間教授らの調査結果をもとに、第一次未配置以降、X県の県教委、市町村教委、学校が具体的にどう動いたかを、コマ送りで追っておこう。

佐久間教授らはまず、二〇二一年五月一日時点で正規教員の人数が、必要な配置数と比べて何人欠けているか調査した。そしてX県内で計一九七一人不足と判明した。これが「第一次未配置」である(表3-1)。その内訳は、①県教委が学校に配置する正規の教員がそもそも少ないために不足した一二三二人、②正規教員が産休・育休をとったことで不足した七〇三人、③正規教員が病気などで休職したことで不足した三六人だった。

この県の市町村教委が、計一九七一人の不足分を埋めるためにした作業は、県教委と連携してフルタイムの臨任を探すことだった。そして一八二一人を見つけて補充した。本来は、年度途中に産休・育休などをとる教員の代役として控えていてほしいにもかかわらず、正規教員の数が抑制され過ぎたために年度当初から投入した。それでもなお足りない。結果として一五〇人が未配置となった。これが「第二次未配置」だ。

そこで市区町村教委が、今度は非常勤講師を探した。一二二人まで見つけたが、なお二八人分が足りない（第三次未配置）。この県の場合、非常勤講師は主に退職者が担い、六〇代が半分以上を占めている。

それでも足りないとなると、学校内でなんとかするしかない。教頭も授業を受け持ち、

人「公立小中学校における教

技術	家庭	外国語	計	小中合計
−12	−28	−67	−623	−1232
10	21	66	586	1130
−2	−7	−1	−37	−102
2	6	0	32	87
0	−1	−1	−5	−15
0	−7	−28	−150	−703
0	5	16	94	501
0	1	10	43	166
0	−1	−2	−13	−36
0	1	2	9	29
0	0	0	−4	−7
−1	−2	−3	−13	−36
1	1	2	9	24
0	−1	−1	−4	−12
0	0	0	1	6
0	−1	−1	−3	−6
−13	−37	−98	−786	−1971
−2	−9	−4	−54	−150
0	−2	−2	−12	−28
15.4%	24.3%	4.1%	6.9%	7.6%
0.0%	5.4%	2.0%	1.5%	1.4%

表 3-1　X県における本務者・代替者の未配置状況(佐久間亜紀・島崎直
職員未配置の実態とその要因に関する実証的研究」より)

			小学校	中学校						
				国語	社会	数学	理科	音楽	美術	保健体育
欠員(雇用調整+退職等)		第一次未配置(A)	−609	−42	−118	−82	−51	−47	−23	−153
	代替	臨任配置	544	33	118	78	44	43	20	153
		第二次未配置(B)	−65	−9	0	−4	−7	−4	−3	0
		非常勤配置	55	7	0	4	6	4	3	0
		第三次未配置(C)	−10	−2	0	0	−1	0	0	0
産育休		第一次未配置(D)	−553	−25	−18	−13	−13	−9	−7	−30
	代替	臨任配置	407	14	15	9	9	6	3	17
		任期付配置	123	6	3	4	2	2	2	13
		第二次未配置(E)	−23	−5	0	0	−2	−1	−2	0
		非常勤配置	20	4	0	0	1	1	0	0
		第三次未配置(F)	−3	−1	0	0	−1	0	−2	0
休職		第一次未配置(G)	−23	0	−3	0	−2	0	−1	−1
	代替	臨任配置	15	0	2	0	2	0	0	1
		第二次未配置(H)	−8	0	−1	0	0	0	−1	0
		非常勤配置	5	0	1	0	0	0	0	0
		第三次未配置(I)	−3	0	0	0	0	0	−1	0
合計		第一次未配置(J)(A+D+G)	−1185	−67	−139	−95	−66	−56	−31	−184
		第二次未配置(K)(B+E+H)	−96	−14	−1	−4	−9	−5	−6	0
		第三次未配置(L)(C+F+I)	−16	−3	0	0	−2	0	−3	0
第二次未配置率(K/J)			8.1%	20.9%	0.7%	4.2%	13.6%	8.9%	19.4%	0.0%
第三次未配置率(L/J)			1.4%	4.5%	0.0%	0.0%	3.0%	0.0%	9.7%	0.0%

※ 2019–21 照会調査による

各教員が担当コマ数を増やして非常勤講師が採用されるのを待つ。

こうしたやりくりをしても、なお教員が足りず、授業をする人がいない状態が「第四次未配置」だ。ただ、このX県の場合、やりくりという「自己犠牲」でなんとかまかない、授業ができない状態までには至らなかった。

X県では、二〇二一年五月時点で産休・育休をとったのは七〇三人、病休は三六人の合計七三九人となっていた(なお、新年度を迎える前の二〇二一年一月時点では産休・育休八六七人、病休八七人の合計九五四人)。年度当初から正規教員が配置されていれば、産休・育休や病休をとる人が出ても臨任一八二一人で十分カバーできたはずだった。

こうして見ると、教員不足の根本的な原因は第一次未配置が多過ぎたこと、つまり正規教員が抑制され過ぎたことだとわかる——というのが二人の導き出した結論だった。

そもそも正規教員が足りていなかった

四月にいるべき正規教員が一二〇〇人あまり抑制され過ぎたのは、なぜなのか。

二人が調査で県教委の担当者に聞き取りした結果によると、まず、少子化を背景にした「雇い控え」がある。少子化がこれから進んでいくなかで、今後は教員需要は減少が予測される。終身雇用を前提とするなら、現在必要な教員をすべて正規教員として採用すると、将来、正規教員が余ってしまい、財政負担が重くなる。それを教委は恐れているというわけだ。

第二の要因は、特別支援学級数の増加である。子どもの転出入などで学級数が増減した場合、法律の定めで教員数も増減しなければならない。最近では、特別支援学級数の増加が著しく、文科省によると、二〇〇二年度は公立小中学校で二万九三五六学級だったのが、一二年度には四万七六四三学級、二二年度には七万五九三三学級になっている。二〇年前から比べると学級数は二・六倍となり、必要な教員数も増えることになる。

前述したように、特別支援学級の場合、障害の種別で一学級の開設となり、学級数が変わりやすい。また、児童生徒が通常の学級に入るのか、あるいは特別支援学級を編成することになるのか、確定する時期は年度末近くになる。そのため、正規教員ではなく非正規教員で「調整」(ある教委担当者)するというのだ。

第三の要因は、教員採用試験の受験者の減少だ。

試験の倍率が低くなっているだけでなく、受験者も大幅に減っている。二〇二〇年度の場合、小学校より中学校のほうが減り幅が大きい。佐久間教授らの調査によると、特に中学校の場合は教科担任制のため、教科ごとに募集を行うのだが、採用が小学校と比べて細かくなるために、倍率が低くなっていくと、それぞれの教科で志願者が下回って必要数も確保できなくなる。

その結果、何が起きているのか。このX県とは異なる複数の自治体の担当者を取材すると、「そのまま低倍率で採用すると質が低下してしまうため、募集枠を拡大したくても増やせない」と話していた。教員の質とは何か、それをどこまで採用試験で吟味できているのかの議論が必要だが、教委の本音を聞いた気がした。

都道府県や政令指定都市の教委が年度当初に配置する正規教員がそもそも不足していたという要因は、文科省の調査でも尋ねている。それは「新規採用者数(正規教員)の抑制」の選択肢にあたる。しかし、これを挙げた自治体は二〇二一年の調査でも一一自治体(一六・七%)しかない。なぜか。何人かの県教委の担当者に聞いたが、やはり「産休・育休の教員が増えた」といった直接的な、自分とはかかわりのない要因を挙げることに集中し、自らの権限の及ぶ「正規教員の抑制」までを、しかも文科省に対して挙げるのにブレーキがかかってしまったという。そうした自治体が多いとするなら、文科省の調査結果からは「そもそも配置すべき正規教員が不足している」という、極めて大きな点が見えてこないことになる。

になる。

非正規教員への依存体質

「池の鯉が減っている」という図を第一章で紹介したが、その図式も一面的だったことになる。

非正規教員が不足しているという「供給面」の図式に対して、正規教員の採用を控えたために非正規教員のニーズがさらに膨らみ、配置が間に合わず、穴が空いているという「需要面」での図式――。佐久間教授は「非正規の先生が足りない、と言い続けることがよかったのか。実は、正規教員を減らし過ぎたのが、ことの本質ではなかったか」と振り返る。非正規教員の話だけを聞いていると実は問題が見えず、正規教員も含めた教員全体の「需給」を見なければ、この問題は解決できない。二人の調査から浮かび上がるのは、そうした根本的な課題なのである。

こうして見てくると、不足の最も大きい原因は、非正規教員が枯渇する以前に、正規教員の数を抑制し過ぎ、非正規の教員に年度初めから依存しなければ学校が運営できない形がつくられたことにある。

このX県の状況についての感想を、他県の担当者に尋ねたところ、自治体規模は違っても、多かれ少なかれ、X県と「同じ傾向にある」という答えが返ってきた。つまり、正規教員の数を抑制し過ぎ、非正規教員に頼った「非正規依存体質」の要因が広がっている、ということなのだ。

規制緩和で抑制された正規教員

いったい、なぜ、いつからこうなったのか。

そもそも非正規教員の不足の底流にあるのが、二〇〇〇年以降の地方分権改革、規制緩和の影響だ。佐久間教授をはじめ多くの研究者はそう見ている。この改革によって、非正規教員のニーズ、「需要」が大きく拡大し、正規教員が年度当初から減らされ、非正規教員に依存する事態が導かれた——というのだ。

まず義務教育費国庫負担制度が大きく変わった。

「義務教育費国庫負担制度」とは何か。

小中学校を設置する義務は市町村にあるが、その規模や財政力は多様だ。そのまま市町村にすべて負担させると、義務教育に大きな地域格差が生まれることになる。そこで、生まれた自治体によって子どもが受けられる教育に差が出ることがないよう、教育の機会均等を守ることを目的に、国が義務教育の経費の一部を負担することになっている。その制度が、義務教育費国庫負担制度だ。その中身は、教員の給与や扶養手当、地域手当、住居手当、通勤手当などだ。

公立学校は、小学校が児童三五～四〇人で一学級＝担任一人、中学校と高校が生徒四〇人で一学級＝担任一人とされる。この計算式をベースに教員数（「定数」）が計算されるのを踏まえ、国の負担額（「義務教育費国庫負担金」）が決まる。

国にとってみれば、都道府県や市町村によって義務教育に差が出ることは望ましくないとして、かつては渡したお金の使い道を厳しく制限していた。たとえば、フルタイムの常勤の教員でなければ、この負担金を使えないといった縛りだ。

それがまず二〇〇一年に緩められた。「公立義務教育諸学校の学級編制及び教職員定数の標準に関する法律」（義務標準法）の見直しである。国が負担する教員の人件費はそれまで非常勤講師には使えなかったが、この改正によって可能になった。通称「定数崩し」と言われる。一人の正規教員の定数を時間で割り、複数の非常勤講師に負担金を使えるようにしたのだ。

続いて二〇〇四年、「総額裁量制」が導入された。国から教員の人件費に使うよう渡される金額の総額を超えない範囲であれば、教員の種類や給与の額、人数を自治体が自由に決められるようになった。お金が袋で渡され、どう使うかは自治体の自由、一言でいえば、そんな制度だ。たとえば正規の教員一人分の人件費で非常勤講師を二人雇って、算数の時間だけクラスを二つに分けて少人数指導をすることも可能になった。

また二〇〇四年には、国立大学が法人化されたことで、教員給与の「国立学校準拠制」がなくなった。それまでは、地方公務員である公立学校の教員の給与は、国立大学附属学校の教員の給与額に準じるとされていた。仮に都道府県の財政次第で人件費が決まるようになると、高い給与の都道府県に教員が集まってしまう危険性が高い。それを防ごうという考え方が制度の根底にあった。しかし、国立大学が法人化され、附属学校の教員が国家公務員ではなくなったために、教員の給与額の指標となるモデルが存在しなくなったことになる。結果、この制度の縛りも撤廃されることとなり、各都道府県が自由に教員の給与を決められるようになった。

自治体は非正規教員に国の負担金をあてられるようになり、その数が自由になり、給与も自由に決められるようになる――。非正規教員に依存する素地は整ったと言っていい。

その一方、国から自治体に来る教育予算が増える見通しはなかなか立たなかった。

さらに国の教員の定数改善計画が二〇〇五年、第七次で途切れてしまったのである。定数の予定がわからず、その年その年で変わるとしたら、自治体は、将来計画はもとより、その年の教員の数や配置を決めることさえ難しくなる。

「改革」の陰で起きていたこと

二〇〇五年、小泉純一郎内閣の下での三年間にわたる「三位一体改革」が決着したことも大きかった。

三位一体改革とは、①国から地方への補助負担金などを四兆円削る、②地方交付税(国税のうち、格差是正のため地方に配分される税金)を抑制する、③これら①②だけだと地方の収入が減るので、国税を地方税に移す三兆円の「税源移譲」を行う——というものだ。

財務省は国の財政は火の車だと③の税源移譲に反対、総務省は②に否定的、文科省は①に抵抗。他方、知事会など自治体側は地方分権を前向きに考えていた。

このターゲットになったのが、義務教育費国庫負担金だった。国から地方への補助負担金の減少にあたり、地方側は改革の巨額の数値目標を達成する元手とされた中学校の教員給与の国庫負担分八五〇〇億円の廃止と、同額の税源移譲を求めた。しかし、文科省は制度の堅持を譲らなかった。

そうして中央教育審議会や政府内などで激論の末、それまでは国が義務教育費国庫負担金の半分を負担していたのが、小学校分も加えた教員給与全体の負担率を二分の一から三分の一に切り下げることで、地方の要求に見合う八五〇〇億円の税源移譲額をひねり出す形となった。

これは逆に言えば、それまでは正規教員の人件費にあてられていた負担金の用途が広がること、これまで義務教育費にあてられていたお金が他の用途に使われうる可能性が高くなったことを意味する。

そうこうしているうちに、地方公務員の定数削減計画が二〇〇六年からスタートする。教育公務員は地方公務員の約三分の一を占める。そして少子化の流れのなかで、教員の数を減らすのも当然だという考えもあって、教員の数は各地で削減のかっこうのターゲットとなったのだ。

規制緩和には光と影がある。規制改革により裁量が増したことで、地方自治体は自らの創意工夫で教育改革に取り組めるようになった。しかし一方で、地方財政が厳しいなかでの改革で、自治体は正規教員の人数や給与を減らし、その代わり、浮かせた予算で人件費の低い非正規教員に依存し、教員の数を増やすことで独自の少人数指導などの改革を進めていくことになった。

その結果、正規教員は人数も給与も減らされたにもかかわらず、改革前は限られていた非正規の雇用が広がる結果となり、非正規教員なしには学校が運営できない状況になったと言える。自治体は規制改革で正規教員の給与や数を増やす「自由」ではなく、減らす「自由」を得たと言っていい。

同時に、何が起きていたのかを振り返る。

前述したように、非正規教員の需要が増えていったにもかかわらず、ベテラン層が大量に退職し、絞られていた教員の採用数が増加するようになり（第一章、図1―2参照）、非正規教員だった人が、正規教員に採用されることで減っていった。正規教員の世代が若返り、産休・育休の取得者が増えると、さらに非正規教員の数が不足し、非正規教員、特に臨時的任用教員（常勤講師）不足になった。これが第一章冒頭で言及した、筆者が最初に調査した段階で起きていたことと言っていい。

その後の教員政策も大きく影響した。二〇〇九年、教員免許更新制が導入され、期限なしで有効だった教員免許は、一〇年に一度の更新が必要になる。さらに教員に高い能力を求めるために、教員養成に必要な単位数も増えた。これらのことから、「とりあえず免許をとっておこう」という層が減っていった。

そうして学校現場で起きていたのは、非正規教員が増えるなか、過重労働が慢性化し続ける状況だった。たとえば非常勤講師は学校運営の仕事を担当することができず、その分の仕事を正規教員が負うことになる。それに学校は声を上げられない。教委が文科省の施策に対する批判となるような答えをしにくいように、学校現場も、「『子どものために』、と目の前のこと以外に目を向けにくく、そこに注力せざるを得ない」と教員たちは言う。子どもを前にしたときには「なんとかしてしまう」という体質もある。そこで非正規教員に依存する態勢を、正規教員が無理をしてでも、なんとか回していくので精一杯というのが多数の学校の実態なのではないだろうか。第二章の事例からは、そうした厳しい学校の状況が見て取れる。

学生たちの教職離れ

ここまで、非正規教員がなぜいなくなったのかを追いかけてきた。

一方で、教員そのものになりたくないと背を向ける人々が目立っている。

文科省が「浜銀総合研究所」(横浜市)に委託し、二〇二二年二～三月に実施した調査がある。全国の大学のうち、教員免許発行件数上位の二二九大学に在籍する大学四年生九二九一人のうち、そもそも「教員免許取得を目的とした教職科目の履修はしていない」人は五〇七六人と、全体の五四・六%を占めた一方、「一科目以上の単位を取得したが、免許取得には至らない」と答えたのは四八九人で五・三%だった。

その「一科目以上の単位を取得したが、免許取得には至らない」と答えた学生に理由を聞くと、「民間企業等、教職以外の職業への志望度合いが高まったから」が四九・六％、「必要な単位数が多くすべての単位取得が困難であったから」が三七・二％、「教職科目授業の時間帯が教職科目以外の科目と重複することが多かったから」が二九・六％、続いて「学校関係者から得た情報で職場環境や勤務実態に不安を持ったから」が二六・三％となっていた。働き方に不安を感じたことを理由に挙げる学生が目立った。

この調査の時期は、教員の仕事の魅力を広め、減少が続く志望者を増やそうと、二〇二一年三月末に文科省が始めた「＃教師のバトン」プロジェクトから一年近くたった段階だ。「＃教師のバトン」プロジェクトは、学校での働き方改革による職場環境の改善やICTの効果的な活用、新しい教育実践など、進行中の改革事例やエピソードについて、現場の教員らにTwitterなどのSNSに投稿してもらうことで、全国の学校現場での取り組みや、日々の教育活動における教員の思いを社会に広く知ってもらうのが狙いだった。そして教職を目指す学生・社会人の準備に役立ててもらうことも目的だった。

ところが、それとは裏腹に、開始から一カ月ほどの間に「月の超過労働時間が一〇〇時間を超えた」など長時間労働を嘆く投稿が相次ぎ、「炎上」する事態となった。朝日新聞がSNS分析ツール「ブランドウォッチ」で調べたところ、「＃教師のバトン」というハッシュタグを含む投稿は、開始当初は一日に一万件を超えることもあった。発信は二〇二三年現在もなお続いている。

だが、このプロジェクトが始まる前に、既に学生たちの教職離れは起きていた。二〇一九年夏から、教員養成課程や大学院に通いながらも、教員になることをためらう計四〇人あまりにインタビューした。

この時点で、正規教員たちは匿名で表現できるSNSで現場の厳しさを発信していた。インタビューした学生たちも、そうした発信を目にしていたという。

筆者はさまざまな職種の人々を取材しているが、匿名で語ることを選ぶ人が最も多いのは教員だと感じる。学校内だけでなく子どもや保護者、地域の目を気にし、「教員は正しくふるまわなければいけない、批判を浴びてはいけない」という縛りが強いようだ。

しかし、そうした束縛を解き放ったのがSNSだった。「身バレ」のリスクをおかさなくても現場の様子を発信できるようになり、その動きが広がっていったことが大きい。

それを目にした学生たちが、教員になることをためらう理由として挙げたのは、労働環境の厳しさだった。

ある国立大学四年の学生(二二)は「教材研究も、いじめ指導も、保護者対応もしなければならないのに、働かせ放題で、残業代ゼロ。民間では許されないことがまかり通るのはおかしい」と話す。この学生は教員を志していたが、民間会社への就職を決めた。両親も「教師の仕事はきつい。無理することはない」と止めなかった。

別の大学の学生(二一)は大学二年のとき、現役の教員がTwitterを使って発信する労働環境や部活の実態を知って、衝撃を受けた。「#先生死ぬかも」とハッシュタグが広がっていた。「これってやばくない?」と話し合った五人の友達は全員、教員ではなく民間企業への「就職組」となったという。

魅力の発信では響かない

学生たちの教職離れを食い止めるには、どうすればよいのか。

この間、教委や教員養成大学、ベテラン世代から、教員の魅力をアピールすれば、学生たちは教職を選んでくれるはずだとサイトを立ち上げ、本やパンフレットを出版するなどの動きが相次いでいる。ベテランの教員を授業に招き、教員の魅力を語ってもらう試みも、もはや珍しくない。「学生たちに現場の魅力を少しでも伝えたい」と上の世代は言う。

たしかにそれらは意味のある試みだと思うが、学生たちに響いているとは感じない。学生が教員を応援する「Teacher Aide」の活動を立ち上げた一人の石原悠太さんは言う。

「ぼくらだって、教員を目指し、教育実習をしていれば、その魅力はわかる。でも、ためらっているのはそこじゃない。ブラックと言われている現場の働き方なのです」。石原さんだけではない。取材した多くの学生たちから、同様の答えが返ってきた。

教員が第一志望で、今の働き方について「子どものためだ」と労をいとわないため「ブラックだと思わない」と言うベテラン世代と、超過勤務が当たり前になっている実態に直面し、教員という職業が自分にとって唯一のものと感じられない学生たちとの世代差はかなり大きい。

「#教師のバトン」プロジェクトも、もともとはこうした魅力発信の取り組みとなるはずだったが、学生からも、そして当事者である教員たち自身からも反発を受けている。教職離れの原因を、「魅力の発信不足」と位置づけることには限界があると言わざるを得ないだろう。それを直視し、学校現場で働き方改革を進めるしかない。

こうした状況は、直接、非正規教員の問題とはつながらないように見えるかもしれない。だが、総体として教員のなり手が減っていけば、当然のことながら、正規教員が不足するようになり、非正規教員も不足する現状はさらに悪化する。学生たちの教職離れは極めて大きな問題と言わざるを得ないだろう。

見えにくい展望、背後の長時間労働

ここまでの話を整理しよう。なぜ非正規教員の不足が起きたのか(図3–1)。

まず文科省の自治体調査から、①ベテラン層が抜けたことで入った若手教員が出産時期を迎え、産休・育休をとる教員が増えた、②多忙な勤務状態のなか、病休、特にメンタルを病み、休みをとる教員が増えた、③特別支援学級のニーズが膨らみ、子どもが一人でも学級を設けることになった——といった、非正規教員の「需要」を直接引き起こす要因が浮かび上がった。

①ベテラン層の一斉退職に代わる世代の産休・育休増
②学校現場の多忙化による病休の増
③多様なニーズに伴う特別支援学級設置数の増
④正規教員を雇い控え非正規教員に依存する教委の体質
⑤規制緩和の下，非正規教員の「需要」増
⑥採用試験合格による非正規教員の減
⑦教員を目指す層が民間企業を志向するようになり減

背景にある教員の長時間労働

図 3–1　非正規教員が不足する要因と構造

しかし、それだけではなく、佐久間教授らのX県の調査から、④これから少子化が進むことが予想されるため、正規教員を雇っても将来的に余ってしまうと雇い控えたり、特別支援学級の数が不安定だからと非正規教員に頼ったり、採用試験の倍率が低くなり「質を

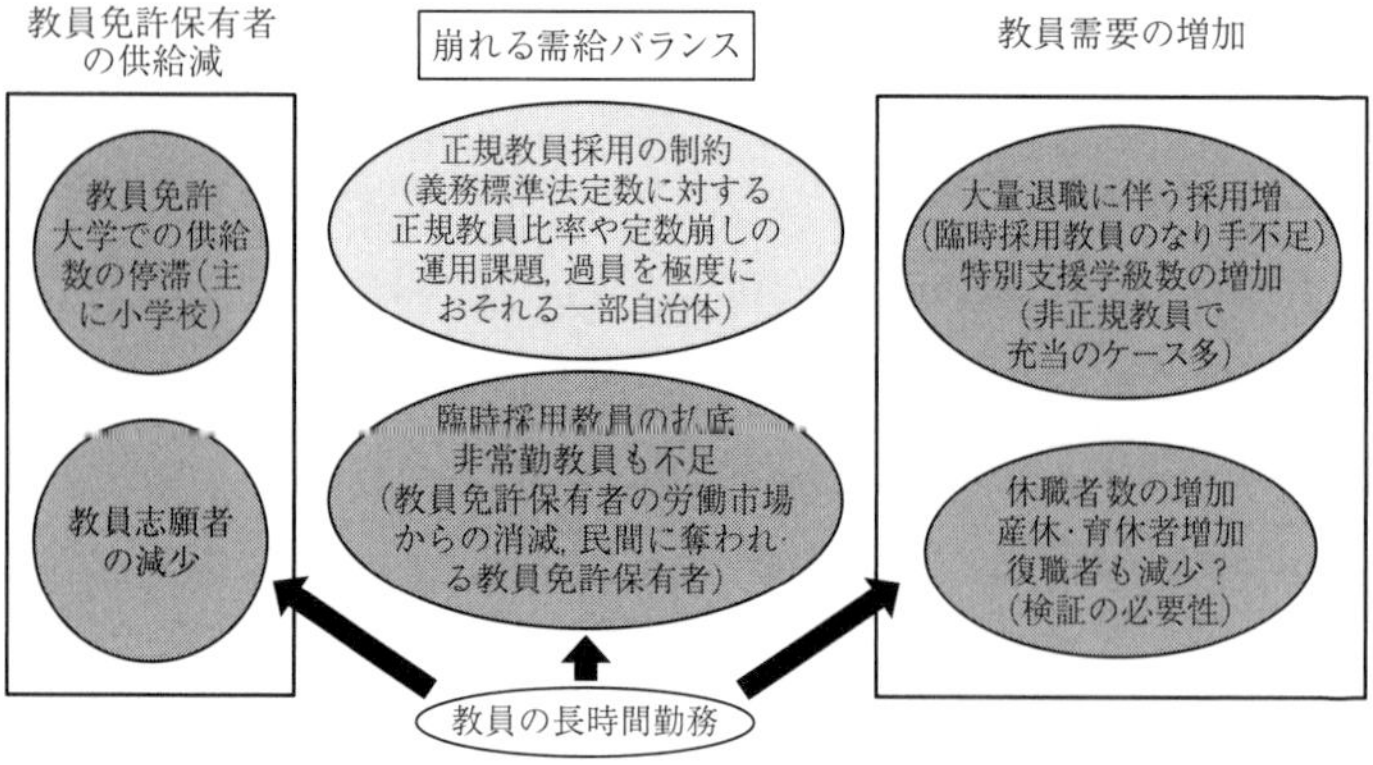

図 3-2　末冨芳・日本大学教授による教員不足の要因の整理(2022 年 6 月 6 日の記者会見で配付)

担保」するために正規教員を採用しなかったりするなどして正規教員を抑制し過ぎ、非正規教員に依存しなければ学校が運営できない形がつくられたことが浮かび上がってきた。

そして、⑤非正規教員に頼ることを可能にした背景として、二〇〇〇年代からの規制緩和があり、自治体は裁量が増えたが、それは教育予算が縮小するなか、正規教員を抑制する「自由」を得たことを意味した。

そうして非正規教員の需要が膨らみ続けたが、⑥直接には採用試験の倍率が下がったために、浪人してでも教職を目指していた層のストックがどんどん減っていった。⑦民間企業などに流れる層もあり、非正規教員となる層が不足することになった。こういう話だ。

「非正規教員の不足」と書いたが、当初の段階で配置されるべき正規の教員が大幅に抑制されたため、非正規教員に頼らなければ学校が運営できない態勢がつくられた。そのことが問題なのである。

教員の世代交代、多忙な職場、特別支援学級のニーズ、採用試験の倍率低下、規制緩和、そして教職の不人気――書き上げただけでも、非正規教員が不足する要因はさまざまで、それらが複雑に、立体的にかかわりあっていることがわかる。そして、自治体ごとに子どもの数の変化の波が異なり①の世代交代のタイミングが違う、④⑤の各自治体の教育予算をめぐる姿勢が異なる、雇用状況によって⑦の民間志向の度合いが異なるなど、問題が多様になっている。これが非正規教員の不足をめぐる現在地と言っていい。

こうした問題を、日本大学の末冨芳《すえとみかおり》教授が整理した図がわかりやすい（図3-2）。まず要因を「教員需要の増加」と「教員免許状保有者の供給減」とに分け、それらによって「需給バランス」が崩れ、いずれの要因にも「教員の長時間勤務」が背後で問題になっている――という図である。これらの要因をどう解きほぐし、処方箋を探っていけばよいのかを次の章で描く。

第四章　教員不足から脱却できるのか

ここまでを振り返ろう。

第一章は、正規の教員の代役となる非正規の先生が足りないという問題が、いつごろから表面化し、どのように広がり、それに対して行政や報道機関がどう動いてきたかをたどった。

第二章では、人に焦点を合わせ、教員不足が子どもや保護者、管理職、教員一人ひとりにどんな影響を与え、それぞれの人物がどう動いたかを追った。非正規教員探しを川にたとえれば、「上流」で都道府県教育委員会、続いて「中流」で市町村教委が取り組むが探しきれず、最後の「下流」で学校の管理職らが探すことになる。それでも見つからなければ、学校がなんとか対応するしかない。自分のクラスだけ教員がおらず、「見捨てられた気がする」と言う子どもの感情や、子どもたちが授業を受けられない事態を矛盾を抱え込みながらもなんとか避けようとする教員たちの苦しさを描いた。

第三章は、先生が足りないという事態が、なぜ引き起こされたのかという原因を探った。規制緩和のなか、教員給与の国の負担金の対象が非常勤講師らにも広がり、給与が低いことから、非正規教員が多用されるようになったこと、その裏には自治体の正規教員の採用控えがあることを述べ、非正規教員が足りないという人材の「供給不足」の問題だけでなく、正規教員を採用するのを控えた結果、非正規教員の「需要の高まり」を招いた問題があることを提示した。

そして第四章は最後の章として、どうすれば解決に近づくことができるかを考える。

教員不足の行き着く先は

先生が足りないという状況は、この一〇年で悪化してきた。子どもが授業を受けられない事態が各地で発生していることは喫緊の課題であり、それをなんとかカバーすべく、学校現場は無理を押して長時間労働をせざるを得ない状況にある。

実は、米国や欧州では教員が足りない事態が日本よりさらに深刻になり、正規教員の不足にまで陥っている。

教育新聞デジタル版の二〇二二年二月一八日、中岡望氏の「海外の教育ニュースを読む」によると、英国では教育省が二一年六月一七日に報告書“School Workforce in England”を発表した。就職後わずか一年で、新人教員の六人に一人が学校を退職。就職三年後には四分の一、六年後には三分の一の教員が離職し、代わりに多くの新卒の教員を採用しなければならない状況が生まれているという。

理由は何か。*The Times Educational Supplement* の調査では「九〇％の教師は仕事の負担が大き過ぎるので離職を考えている」とし、「今後一〇年以上、教師不足が続くだろう」と予測している。「海外の教育ニュースを読む」の記事によると、新規採用の促進のために初任給の引き上げが計画されている。だが、それでは不十分であり、仕事量をいかに減らすかが課題になっているという。

状況は米国も酷似している。二〇二二年五月一三日の「海外の教育ニュースを読む」によると、米シンクタンク「Economic Policy Institute」は同年二月三日、“Raising pay in public K-12 schools is critical to solving staffing shortages”（公立学校の給料引き上げが学校のスタッフ不足の解決にとって極めて重要）と題する報告を発表した。

報告は、公立学校五校のうち一校は既にコロナ禍の前から、欠員を補充するのが難しい状況に陥っていたと指摘する。二〇一一年から一二年には六七・二％の学校に教員の欠員が出ているとしていたが、一五年から一六年にはその割合は七八・八％にまで増加。この間、欠員補充が「極めて難しい」と答えた学校の割合は、一九・七％から三六・二％へと倍増しているという。

欠員補充が難しくなっている理由は、教員志望者が減っていることだ。二〇〇八〜〇九年と二〇一五〜一六年を比べると、教員資格を持っている人の数は一五・四％減っているという。

中岡氏はこう分析する。「各国に共通しているのは、厳しい労働環境と低賃金だ。その結果、教員の離職率が上昇し、教師を目指す学生が減少している。同報告は『解決策は地方自治体の歳入を増やすこと』と指摘している。詰まるところ、予算の問題に帰結してしまう。教員不足を解消する道は極めて遠い」

朝日新聞も二〇二二年一二月三日、「(世界発二〇二二)欧州、教員が足りない　授業キャンセル・非正規雇用相次ぐ」で欧州の状況をレポートしている。

フランスは二〇二二年、六月の教員採用試験後、小中高校で四〇〇〇人分のポストが埋まらず、過去に例のない規模の教員不足に陥った。政府は、修士号が必要な正規の教員ではなく、学部卒で教員資格のない人たちを急遽採用した。「教室で間違ったことを教えていないか怖い」「保護者に臨時教員と言えない」と、臨時教員たちの戸惑いや悩みの声がメディアで飛び交った。多くは教職経験のない二〇〜三〇代で、前職はファストフード店員や広告、金融業界などさまざまだ。半年もたたないうちに学校を退職した事例も伝えられているという。

フランス会計検査院によると、中学校では週二六時間の授業が義務づけられているが、二〇二二年は新学年が始まって二カ月が過ぎた一一月一六日時点で、約一万二〇〇〇時間の授業が実施されていない。教員がいないと授業は自習になるが、監督教員もおらず生徒たちが何もせずに過ごす場合もあるという。

マクロン政権は、初任給が最低賃金の一・一倍しかない教員給与の改善を打ち出した。二〇二三年から新任教員に月額二〇〇〇ユーロ(約二八万円)の給与を保障するとした。他方、中堅教員からは「今でも月給は二〇〇〇ユーロほどなのに、新人教員が中堅と同じ給料になるのは納得できない」と不満が出ている。賃金だけではなく、労働環境の改善による教員の社会的イメージの向上が必須、という指摘もあるという。

記事は他国の例も挙げている。イタリアでは二〇二二年、新学年を前に一五万人の教員が不足し、政府は大部分を非正規雇用でまかなった。ドイツでも全国組織の教員組合「GEW」が、教員不足のために「多くの学校で授業のキャンセルが常態化している」と警鐘を鳴らしている。

こうした各国の状況は、よそ事ではない。教職を目指す人が減り、今後正規教員さえ不足して教壇に立つ人がいない事態が慢性化した場合、教員の指導を受ける、授業に参加するといった、教育を受ける権利が保障されなくなってしまう。地域の経済的な豊かさの差によって、教員を確保できる自治体、確保できない自治体といった格差が大きくなるとしたら、教育の機会均等という原則も成り立たなくなってしまう。そうした道筋に進んではならない。だからこそ対策を急がなければならないのだ。

このまま少子化が進めば、必要な教員の数も少なくなり、教員不足は自然に解消するのではないかと考える人もいるかもしれない。

しかし、それは現在の教育条件を前提にした考え方だろう。

この間、現場の多忙化は進行し、教員に多忙化対策のアンケートをとると、教員を増やしてほしいという声が一位になる。子どもたちのニーズを満たすためには、教員がもっと必要だというのだ。少子化が進むにつれて教員の数を減らせば、多忙化は解決できないし、子どもの求めも充足できない。

繰り返し書くが、少人数指導や特別支援教育などのきめ細かな教育は、子どもたちにとって欠かせない。今以上に教員の定数を確保する必要があり、減らしてよいわけはない。また、子どもだけでなく教員にとっても、代役の教員を確保し、安心して産休・育休や病休をとれる態勢をつくらねばならない。こうしたことを考えると、「子どもの数が減れば教員不足は改善する」と考えるのはあまりに早計である。

一方、これまでのように不景気になると教職を選ぶ学生が増えるなど、今後、教員の

「供給」が増える動きも起こりうるだろう。だが、それは予測できない。いま、学校が直面しているのは、子どもたちの前に教員がいないという現実である。これが悪化しないように対策を尽くさなければならない。少子化の進む将来のために正規教員を抑制しようとした結果、いまの子どもたちの前から教員がいなくなるという事態は本末転倒である。

文科省も教委も動いてはいるが

危機に立つ教員不足に対して、文部科学省や自治体はどういった対策をとっているのか、とろうとしているのかを見ていく。

教員を志す人を増やそうと、多くの教委が試みているのが、新任教員のインタビューを収めたPR動画をつくったり、大学での説明会にOBやOGを送り込み、経験談を語ってもらったりすることだ。たとえば熊本県教委はPR動画「先輩からのメッセージ」をホームページに公開してきた。毎月、数本ずつアップし、身近な先生たちの姿を映した動画で教員の魅力を伝えようとしている。

国も動いている。文科省は、知識や経験のある社会人にも教員になってほしいと、教員免許がなくても教委が授与できる特別免許状の制度の活用を都道府県教委に呼びかけている。対象を広げ、博士号を持っている人やコンクールで実績がある人も含めることを求め、積極的に免許状を授与するよう訴えた。

そして文科省は、正規教員の採用試験で受験者を増やす策として、秋に合格が決まる現在の教員採用試験の日程を一〜三カ月前倒しする方向で、教委と相談している。公立学校の教員採用試験を受ける人が減っているのは、採用活動が早い民間企業に流れているのが一因になっていると見てのことだ。

採用試験の間口を広げようとしたのが東京都だ。二〇二三年実施の採用試験から、教員免許を持たない二五歳以上の社会人でも採用試験を受けられるようにした。条件は合格から二年以内に教員免許をとることで、それまでは教壇には立てない。フライングにも見える試みで、免許を取得するまで一定期間の猶予を与える「免許後回し」の試験制度は全国でほかに例がないという。

また、採用試験の一部を大学三年生でも受験できる仕組みも導入した。一次選考のうち「教職教養」「専門教養」を三年生でも受験可能とする。合格基準に達しなければ四年生で再受験できる。

以上が採用試験の受験者全体を増やす対策なら、いざ代役の教員を見つけた段階で対応できるようにする取り組みもある。

その一つが、都道府県教委による臨時免許状の授与だ。臨時免許状は普通免許状を持っている人が採用できない場合に限り、例外的に授与する「助教諭」の免許状だ。二〇一四年度に八三五九件だったのが、二一年度には九七二〇件と、九〇〇〇件を超えた。「免許の濫発ではないか。免許制度が崩れかねないという批判がある」との筆者の取材に、ある県教委の幹部は「濫発と言われようが、背に腹はかえられない。この人しかいないのだからゼロよりはいい」と言った。

もう一つが教員免許更新制の廃止だ。免許更新制は教委や学校がせっかく代わりの教員を見つけても、免許が更新されておらず採用できないなど、教員探しの障害になっていると指摘されていた。振り返れば、免許更新制は、第一次安倍晋三内閣の下、教育再生会議で当初、「不適格教員を排除する」ことを狙って考えられた肝いりの政策だった。

ところが実際には、「忙しいなか、自腹で大学の講義を聴かされる」「最新の知識を学ぶというが、次の更新の一〇年後には古びて役に立たない」と教員たちから不満が出ただけでなく、教員不足に対応しようとする自治体が手足を縛られる結果になってしまった。そして国は二〇二二年、この制度を廃止した。

PR動画、インタビュー掲載のホームページ、採用試験の前倒し、免許取得の後回しの容認、臨時免許状の授与、そして教員免許更新制の廃止――。まさにあの手この手の試みから、国と自治体の必死さが伝わってくる。だが、その試みは部分的であったり対症療法的であったりして、なかなかそれだけで問題の改善を見込むのは難しいのが実情である。

では、どうすればさらに解決に近づくことができるのか。

「教員不足」とは

まず、文科省が使い、広がっている「いわゆる『教員不足』」や「教師不足」という言葉について考えたい。

「教師不足」や「教員不足」といった言葉は、教員のなかで大多数を占める「正規教員」の不足を意味すると受けとられやすい。

しかし正規教員は、まだ全体としては不足していない。採用試験の倍率が下がったとはいえ、二〇二三年度の採用試験では、朝日新聞の調べだと、小学校は二・〇九倍、中学校は三・五九倍、高校は五・五倍と、一倍を上回っていた。ただ全国のうち一二自治体では、採用試験の合格者が、教委が決めた採用見込み数、つまり事実上の募集定員を割り込んだ。大分県では、小学校の採用試験受験者数が採用見込み数を下回る「定員割れ」が起きていた。

これに対して、非正規教員の「不足」は、自治体が人探しをしても見つけられない状態を指す。常勤講師を探しているのに非常勤講師しか見つけられないといった例を含む場合もある。

正規教員は、採用試験の倍率低下や受験者数の減少が問題となる。背景にあるのは、ベテラン教員の大量退職で採用の門戸が広がっている状況だ。たとえば公立小学校では、採用倍率が過去最高の一二・五倍だった二〇〇〇年度では採用者数が三六八三人だったのに対し、二〇二二年度は採用者数が一万六一五二人と四倍以上に増えている。国の規制緩和が背景にある非正規教員の問題とは構造が違う。

教員不足の問題をとらえるには、まずは非正規教員を、問題の内容や構造の違う正規教員から分けることが必要になってくるが、その「非正規の問題」という観点を示す姿勢が文科省には弱いのではないか。そう感じざるを得ない。

ただ、非正規教員の問題と正規教員の問題は全く無関係というわけではない。重ねてになるが、教員不足は直接には非正規教員の問題でありながら、正規教員の採用控えが引き起こした問題でもあることを第三章で示してきた。だが、こうした両者の関係を分けるだけでなく、包括的にとらえる視点もまた、文科省の「教員不足」「教師不足」という言葉遣いからは読み取りにくい。

そもそも非正規教員が不足しているといっても、公立学校の非正規教員を対象にした人数などの継続した調査を文科省は行っていない。非正規教員は私立学校も含めると、さらに数がつかめなくなるのが実情だ。非正規教員が公私含めて何人おり、「需要」と「供給」はどうなっており、どんな人が非正規教員になっているかといった調査はまだなされていない。

そんななか、和井田節子・共栄大学教授、山田真紀・椙山女学園大学教授、名古屋大学大学院生の菊地原守さん、藤田英典・都留文科大学学長は二〇二二年、ウェブ上で教員二二三八人(うち非正規教員五四七人)を分析。非正規教員のなかでのタイプの違いによる職務満足度や自信の差を吟味している。

たとえば、「若年常勤講師」は教員採用試験が不合格であることへの負い目を感じ、同僚や管理職の期待に応えようとするものの、教員としての生き方や自分の日々の教育実践に満足できない傾向が浮かび上がった。「中堅女性講師」は家庭の事情で講師を続けている割合が他の類型より高く、同僚からの疎外感や相談相手の少なさを感じていることもわかった。非正規教員、常勤講師、非常勤講師といっても一色ではないことを、四人の分析結果は明らかにしている。調査だけでなく研究もまだ始まったばかりだ。

正規教員と非正規教員の「需給」は、つながっている部分があることも指摘しておきたい。

公立学校の教員の採用試験をめぐる図4－1の受験者数を見ると、二〇二二年度は一二万六三九一人。過去最少で、最多時の半数以下に落ち込んだ一九九二年度の一一万九四九人に迫っている。競争率は三・七倍と、過去最低の一九九一年度に並んでいる。

文科省は資料「令和四年度（令和三年度実施）公立学校教員採用選考試験の実施状況のポイント」で、小学校の「受験者数の内訳を分析してみると、新規学卒者は小幅な増加（二五六人）となった一方、既卒者は引き続き大きく減少（三〇六八人）している。総数としての受験者数は減少（二八一二人）した」とし、「このような小学校における受験者数の減少傾向は、臨時的任用教員や非常勤講師などを続けながら教員採用選考試験に再チャレンジしてきた層が正規採用されることにより、既卒の受験者が減ってきていることなどが理由であると考えられる」としている。

つまり、文科省は、採用が厳しい時代には、不合格になった学生が、非正規教員を続けながら再び受験してきたが、採用が広き門になったいま、その層が合格して正規教員とな

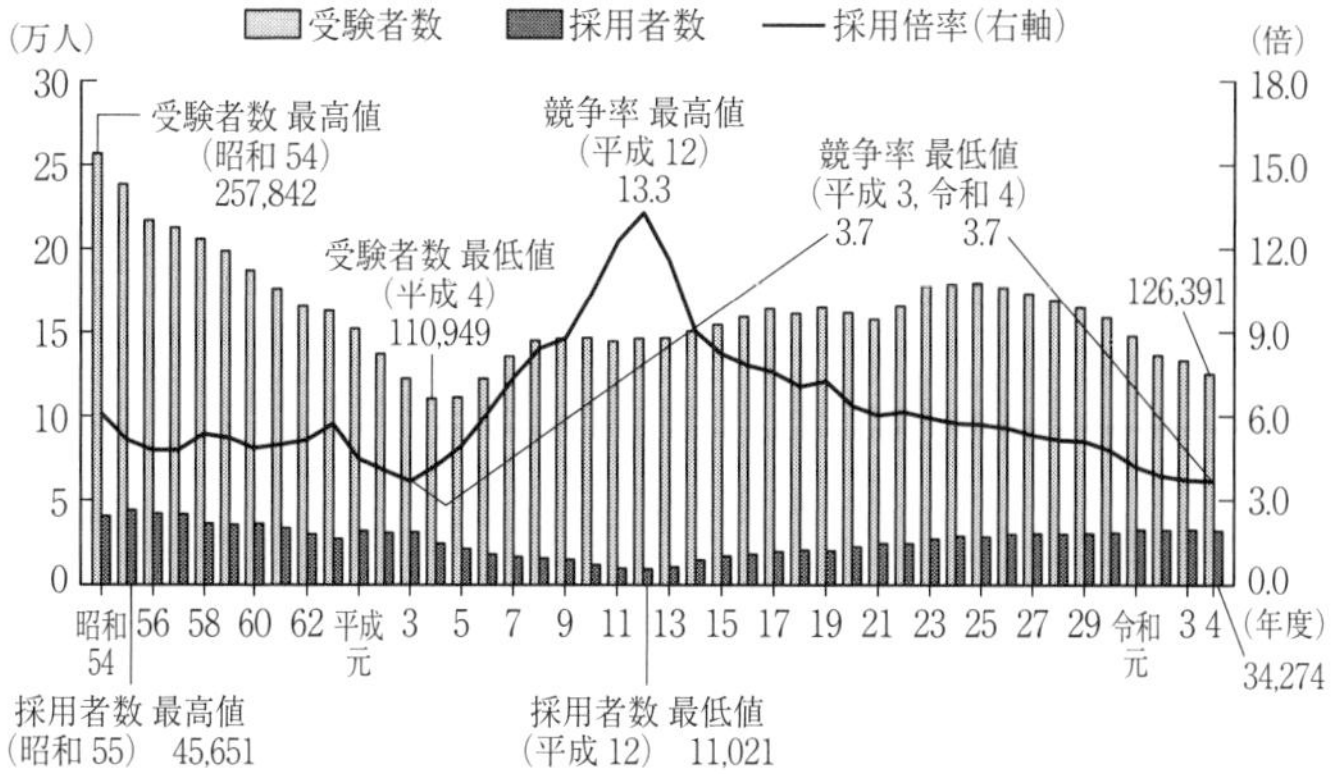

(注)「総計」は小学校,中学校,高等学校,特別支援学校,養護教諭,栄養教諭の合計

図 4-1 総計 受験者数・採用者数・競争率(採用倍率)の推移
(「令和 4 年度(令和 3 年度実施)公立学校教員採用選考試験の実施状況のポイント」より)

り、既卒の受験者が減ってきたと分析している。正規教員と非正規教員の「需給」は密接な関係にあることが、ここからわかる。

ただ、非正規教員の受験者が減った理由が、採用試験に合格したからという理由だけかどうかはわからない。非正規として働いていた教員が、教職の道を進むのをやめて民間企業へ移るなどの教職離れが起きている可能性もある。倍率が下がり正規教員に採用されやすくなっただけでなく、厳しい労働環境が取り沙汰される学校現場を離れることを選ぶ非正規教員が一定数いるのかもしれない。その詳細はわかっていない。繰り返しになるが、調査がされていないのだ。

一方、新規学卒者は小幅な増加をしているということから、文科省は二〇一九年度のポイントでは「学生からの教職の人気が下がっているためとは現時点では必ずしも言えない結果となっている」としている。ただ、翌年度からはこのくだりが省かれている。

学生が教職に背を向けるというエピソードはこれまでよく語られてきたが、その実態の調査結果もまだ示されていない。

非正規教員の不足、正規教員の採用試験の受験者減は、ともに背景に厳しい労働環境など待遇の悪さがある可能性が考えられ、実態調査が必要だ。

「教員不足」を教員全体が足りないといったあいまいなイメージを表す言葉に終わらせないためにも、全体の実数の把握から始まり、その変化や、個人ベースでどんな人がどんな動機で非正規を選び、また非正規をやめているのかといった現実を掘り起こす必要がある。

データがカギ

ここまでも述べてきたことだが、問題を分析し、対策をとるには、データは必要不可欠である。

教員不足の調査を文科省が行ったのは二回。一回目は二〇一七年度に一一の道県・政令指定都市を抽出して行った「いわゆる『教員不足について』」(二〇一八年八月二日)。二回目は二一年に六七の都道府県・政令指定都市と大阪府豊能地区教職員人事協議会に全数調査で実施した「『教師不足』に関する実態調査」(二〇二二年一月)である。

一回目の調査はパイロット調査で、協力を得られた自治体を中心に問題の原因を調べた。二回目の調査は初の全数調査で、国がいよいよこの問題に取り組み出したことの意義はいくら強調しても、し過ぎることはない。しかしこの二回目の調査も、課題はなお多い。

まず、調べているのは、二〇二一年の始業日時点と五月一日時点だけだ。正規教員の代役がいない状況は二学期、三学期になるにつれて厳しくなると関係者は口をそろえる。教員の産休・育休や病休などの穴が空いた状態が累積してしまうためだ。始業日時点と五月一日時点の調査だけでは、残念ながら厳しい時期の状況がうかがえないのである。

県内の不足数を毎月調べている千葉県によると、二〇二一年五月の一三五人が、九月には倍以上の二八一人、二二年の一月は三二四人まで増えている。他県も同様だ。国も二・三学期を調べると、不足人数はもっと多くなっただろう。二学期、三学期開始時点の調査を実施することは、学校の実態をとらえるためにも必須である。

また、国は翌二〇二二年に調査をしていない。単年度の調査では、年を追っての変化がつかめない。回答する自治体の負担を考慮しなければならないこともあるだろうが、違う年のデータを比較して分析することで、不足の要因を多角的・多面的に探ることができる。

調査設計への疑問もある。この調査は「各都道府県・指定都市等の教育委員会において学校に配置することとしている教師の数」に対する不足を調べていると文科省の資料にはある。だが、「学校に配置することとしている教師の数」をどう考えるかで自治体ごとに違いが生まれる可能性が大きい。

第三章で説明したように、「義務教育費国庫負担金」は、子どもの数で教員配置の人数の標準を定めて算出しているが、どう使うかは教育委員会の判断になっている。人数をそろえるために給与の低い非正規教員を多く採用し、少人数学級や少人数指導を実施する自治体もあれば、国の標準通り正規教員を中心に配置している自治体もある。前者の場合、非正規教員が枯渇して不足が出やすく、後者の場合、不足は少なくなりがちだ。少人数学級や少人数指導を充実させ、きめ細かな教育を行おうとすることで、かえって人手の供給が不安定になってしまうのである。「教員不足は施策を打てば打つほど深刻になる」とは、ある教育長の悩みだ。

筆者は、国の調査に対し、ある自治体が教員不足の人数をできるだけ少なくしようと、少人数学級を実施しているにもかかわらず実施していない前提で「学校に配置することとしている教師の数」を回答したという情報を耳にした。つまり、実際よりも不足していない数を回答したことになる。

担当者に事実関係を確認したところ、しばらく沈黙した後、「見方の問題なので、否定はしない」という答えが返ってきた。これでは、自治体によって、「学校に配置することとしている教師の数」の定義が違ってしまう。定義をもっと詳しくするなど、さらに厳密な調査が設計できないか検討する必要がある。

なんのための調査か、設計からの再考

この調査の対象についても限界がある。

文科省は都道府県教委、政令指定都市教委、大阪府豊能地区教職員人事協議会を調べているが、市町村教委には調査していない。その結果、少人数指導などで市町村が独自に雇う教員の不足は対象にしておらず、実態は不明のままだ。

せっかくの調査だが、回答の公開の面でも課題が残っている。文科省は小学校の学級担任の代替状況や中学高校の教科担任不足の状況などは公表しているが、自治体の細かい実態までは公開していない。本来なら各自治体が不足の実態の調査を実施し公表すべきだが、

独自の調査をしているのはごくわずかだ。さらにそれを住民に公開しているとなると、その数はゼロに近づく。

文科省から今回の調査の調査票が届いたとき、筆者の取材に「大変な調査が来てしまった」「数はつかんでいない」「これから教育事務所などに聞いて調べたい」と答えた教委は少なくなかった。これまでデータをとっていなかった、調べようともしなかったということだ。あまりに残念な現実である。

ここで確認しておきたいのは、正規、非正規教員を何人採用するかを決めるのは国ではなく、都道府県や政令指定都市であるということである。

教員不足の実態は自治体ごとに異なり、全国平均の視点では把握できない。小学校や中学校に入る子どもの数が今後どう変化するか、そのグラフの形は、都市部の自治体と地方の自治体で異なる。これまで少人数学級や少人数指導を実施しようと非正規教員を多く採用してきたか、非正規を採用するのに抑制的だったか、という方針も自治体ごとに違う。教員を養成する大学の数も違う。都道府県や政令指定都市は独自に調査を続け、その結果を教員の採用計画に生かすことが欠かせない。

教員不足は小学校に目が行きがちだが、深刻なのは中学校も同じだ。小学校は学級担任制なのに対し、中学校は教科担任制である。第一・三章でも言及したように、該当する教科の教員を探してこなければならないが、教科ごとに免許を持っている人の数に差があり、困難に直面する場合が目立つ。多くの都道府県でも、美術、技術・家庭の不足が目立つ。教科別のきめ細かな調査と、それに基づいて各教科の免許状を大学がどこまで出せているかといった教員養成の状況の再検討が求められるだろう。

ここまで、データを集める必要性を述べてきた。第一章でも言及したように、朝日新聞は教員不足をめぐり二回の調査を行ってきた。NHKや他の新聞社、通信社も調査を試みている。メディアとして独自の調査から実態を示していくことは重要だ。だが、文科省が行う大規模な調査は国の政策にじかに反映されるもので、大きな影響力を持つ。残念ながらこれまでに行われた調査は、市町村を含めた教委の実情、そして学校現場の実態をリアルにつかむものとは言いづらく、原因を追究するためのデータを提供できているとは言えない。ましてや、自治体側が不足人数を少なくしようとして回答するような状態では、調査の目的からはかけ離れてしまう。

調査とは、より正確に実態、そしてその背景や要因を把握し、問題があれば改善の方策の材料を集めるために行うべきものである。そのために、研究者も加わって調査設計や分析をする必要が出てきている。

教員政策の検証を

データを集めるうえで必須なのは、これまでの教員政策の検証である。

文科省の政策は、幼稚園から小中高校までを初等中等教育局、大学を高等教育局が担っている。教員養成の場合、大学での教員養成は高等教育局、採用、研修などは初等中等教育局が担当してきたため、教員政策を全体的に見る視点が十分ではなかった。取材に行っても、どんな統計資料を持っているかも共有していないことがままあった。現在は総合教育政策局の教育人材政策課が教員の養成・免許・研修についての業務を一元化しているが、義務教育費国庫負担金を担当するのは財務課であるなど、政策はなお課にまたがっている。トータルに分析する姿勢が欠かせない。

まず検証しなければならないのは、そもそも学校現場で非正規教員が多用されるようになってきたのはなぜかだ。非正規教員は免許は持っているものの教員採用試験には合格しておらず、採用志願書などの書類を出すことで常勤講師や非常勤講師の名簿に登載される。採用試験に合格していないにもかかわらず、なぜ教壇に立つことを積極的に認められるようになったのか。その理由を分析している崇城大学の原北祥悟助教は「一九八〇～九〇年代、非正規教員への眼差しが変化し、『総合的な学習の時間への対応や、少人数学級やチームティーチングなどの実践が教育の質を高める』という理由で認められてきた。予算を節約するためだけで非正規を進めてきたわけではない」と指摘する。

そこに制度改革として、第三章で述べたような教育の地方分権改革という規制緩和が進められた。正規教員の一人分の給与を分割することで非常勤講師にも国の負担金をあてられるようにした「定数崩し」や、国の定めた基準で算定した教職員給与費の総額の範囲内で自治体が給与額や配置を自由に決めることができるようにした「総額裁量制」が導入されたというわけだ。その結果、自治体は、給与の低い非正規教員を増やす自由を手に入れることになった。この改革の方向が果たして妥当だったのかを検証しなければならない。

規制緩和の流れの揺り戻しは、既に始まっているように見える。二〇二二年秋、永岡桂子文科相が都道府県と政令指定都市の教育長を集めた会議で、各教委の中期的な採用計画に、正規教員の割合を定める目標値を設定するよう促した。これは自治体の非正規教員を増やす自由に一定のブレーキをかけることを狙うものとして、注目すべき動きである。

永岡文科相は同じ会議で、休眠したり失効したりした教員免許を持つ人が教員になるのを支援するために、研修会を開いたり、独立行政法人「教職員支援機構」の研修動画を活用したりすることなどを求めた。また最近、産休・育休をとる教員の代役が不足していることから、年度前半に産休・育休をとることが見込まれている教員の代役を、四月の年度当初から任用することなど、いっそう工夫するよう促しもした。こうした対策は遅過ぎるとはいえ、重要だ。

しかし、これらが根本的な対策になるとは考えにくい。文科省が本来、取り組まなければならないのは、教職員定数改善計画の策定である。第七次教職員定数改善計画(二〇〇一～〇五年度)が完成してから一〇年以上、新たな定数改善計画は策定されてこなかった。国が五年単位で計画を立てなければ、大学の教員養成も、教委の計画的な採用も進まない。この間の教員不足の背景にあるのは、国の計画の欠落である。

文科省は現在、第七次教職員定数改善計画(二〇〇一～〇五年度)を最後に、定数改善計画をつくることができていない。自治体からは策定を求める声が相次いでいる。

研究者たちからあげられる提言

対策を打ち出す国の動きを見越したかのように、二〇二二年五月、緊急提言をまとめ、文科省に提出したのが、末冨芳・日本大学教授や学校業務改善アドバイザーの妹尾昌俊さん、学校現場の声を世の中に届けることを目指すＮＰＯ「School Voice Project」が立ち上げたプロジェクト、「#教員不足をなくそう 緊急アクション」だ。プロジェクトは教員や副校長・教頭らに教員不足の実態を調査し、関係機関に働きかけてもいる。

提言は、①「応急処置」として教員免許制度、採用のあり方に関すること、②「体質改善」として働き続けられる環境づくり、働き方改革、③「根本治療」として教員定数や国庫負担(予算)に関すること――の三本柱でまとめられている。この提言の特徴は、応急処置から体質改善、根本治療と政策のフルパッケージを示したことだ。教員不足の要因が多様で絡み合っていることから、対策も、免許制度や採用試験、働き方改革、義務教育制度などに及び、多面的、多角的な取り組みが必要であることがわかる。

たとえば、「応急処置」の提案を紹介しよう。

「応急処置」は「とにもかくにも、教員として学校で働いてくれる人を速やかに増やす必要があります」として、学生向けには、民間企業の採用スケジュールをにらんだ教員採用試験の実施時期の前倒し、教員免許を保有している社会人向けには、一部試験の免除や、社会人経験や仕事上の実績に応じた加点などインセンティブの強化、中学校免許保持者には、臨時免許状や簡単な手続きで小学校現場での勤務を可能とし、促進する措置などを示した。また、教員免許を持っていない場合も、特別免許状を授与する際、NPOや地域教育団体などで子どもとかかわってきた経験を重視することなどを提示した。このなかで、非正規教員の割合の上限設定、試験実施時期の前倒しなど、文科省がこの間、示した政策と重なる提言があることが目につく。

ただ、アクションの呼びかけ人たちは、応急処置の項目に関して「功罪があると思われるので、効果を検証しつつ、柔軟に見直しを図る必要があると考えます」と留保をつけている。

彼らは、どの項目に功罪があるのか具体的に述べてはいない。だが、免許を持っている社会人の採用試験で一部の試験を免除するという提案は、やり方によっては教員の質を確保できなくなる懸念が出てくる。中学校免許保持者の小学校現場での勤務を可能とし、促進する措置として臨時免許状の発行、もしくはそれ以上に簡易な手続きで可能とするといった案についても、学校種別に免許を出している制度の骨格を揺るがしかねず、臨時免許状が安易に出されるなら教育の質の保障ができなくなると指摘する研究者もいる。

教員不足のいま、採用試験や免許制度を緩和し、「とにもかくにも、教員として学校で働いてくれる人を速やかに増やす」必要があることは事実である。しかし応急処置の薬は一種の劇薬であり、制度を骨抜きにしかねないものが含まれている。導入する際は議論が必要であることは言うまでもない。

これらの案が、国レベルの政策を軸としていることにも注意が必要だ。教員不足は自治体の問題であることは先に触れた。国とともに自治体がすべきこととして、データを集め、研究者とともにこれまでの正規・非正規教員の採用方針を見直し、今後の計画案を練ることが欠かせない。

オープンな議論を

ここまでは、教員不足をめぐって、国や自治体がどう動くべきかを探ってきた。しかしこの問題は、国や自治体だけのテーマではない。保護者や地域住民一人ひとりが考えるべき身近な課題である。

それを阻んでいるのが、多くの学校が教員不足の実態をなかなかオープンにしないことだ。

学校は川にたとえれば、最下流に位置する。社会や経済情勢の下、国の政策が変わると自治体の動きも変化し、学校は直接その影響を受ける。

教員不足の問題の場合、国の規制緩和政策の下、教委が給与の低い非正規教員頼みの施策をとるようになった結果、上流の都道府県教委、さらに中流の市町村教委が代役の教員を探してもなかなか見つからず、最後に学校が人探しをするよう求められることになる。そして、だれもいない場合は教頭らが授業をするところまで追い込まれる。学校がなんとかしなければ、子どもの学習する権利を保障することはできないからだ。

なのに、代役の教員が来ないことや、困った学校がどう対応しようとしているかを、学校が保護者や子どもたちに十分説明しないケースが目立つ。なぜか。

ある市立小学校の校長は、「教員不足を招いたきっかけが、自分の学校の教員が産休・育休や病休をとったことにあるからだ」と言う。しかし、産休・育休や病休をとるのは教職員の当然の権利だ。そして教員を配置する責任を持つのは教育委員会で、学校ではない。学校が「産休・育休や病休の先生が出たので、代わりの先生が来ません」と説明しにくいと感じるのは、学校内に、頑張るのがよいことで、休むことに気が引けてしまいがちな傾向があるからではないか。

「保護者に伝えると、『なぜうちの子のクラスが』と批判されるのではないかと思う。それに対して説得力のある説明ができない」と語った副校長もいる。保護者は何が起きているかわからず、話してほしいと思っているのに。そこにあるのは、保護者と学校の間の不信の構図だ。第二章で保護者が「もっと早く話してくれれば、『免許をお持ちの方はいらっしゃいませんか』と言われたときに手を挙げられたかもしれないのに」と話していたことは象徴的だ。

すべての保護者が「何が起きているか知りたい、話してほしい」と考えてくれるかどうかはもちろんわからない。「自分の子に悪影響が出ないよう学校でなんとかしてほしい」と考える人もいるだろうし、それを責めることはできない。だが、「保護者は学校に任せ、学校は黙ってなんとかする」というこれまでのやり方では、事態はどうしようもないところへ来ている。

このままでは、子どもたちを教える教員がいないという問題は解決できない。知恵を集めてできるだけ早く対処しなければならない。それは大人の責務である。

その際、学校が実態を率直に語ることができるよう、保護者や住民が観客ではなく当事者として問題に向き合うことが重要だ。教員不足は学校を責めても解決しない構造的な問題であることを共有し、教職員と保護者、地域住民との間で率直に語りやすい環境をつくる必要があるだろう。

教員不足の実態を明らかにしたがらないのは、教委もそうだ。特に穴が空いている人数の多いいくつかの教委がそうだった。二〇一〇年はおろか、筆者たちが一九年に調査した際でさえ、「自治体名を記事にするなら不足人数を回答できない」「記事にするときは自治体名を伏せてほしい」といった教委の担当者の声に直面した。

子どもの数が減っていくのに備えて正規教員が余ってはいけないとあえて採用せず、そこに非正規教員をあてたために、結果として非正規教員が足りなくなっている自治体もある。その自治体も、自らの政策を説明せず「自治体名を書かないでほしい」と言うのだ。

非正規教員が足りない、いない、という不足の人数自体は個人情報を含まず、情報公開すれば当然明らかになる数字であり、子どもの教育環境を考えるうえで不可欠なデータである。なのに、なぜオープンにしないのか。その理由の一つは議会にある。議会の本会議などで「隣の自治体は〇〇なのに、なぜ」といった追及が続くからだという。

繰り返し書く。教員不足の問題は国の規制緩和政策、自治体の財政難など複雑な要因が絡み合い、「教委が悪い」と言うだけでは解決しない。教委も議会も問題に正対し、同じ当事者としてテーブルにつく姿勢が求められる。

問題が深刻になるほどオープンにすることに後ろ向きになってしまう学校や教委の姿勢を紹介したが、変化もある。

関東地方のある市立小学校は、「コミュニティ・スクール」になっている。設置した保護者代表や地域住民による「学校運営協議会」に、校長は教員不足の実情を訴えた。

この小学校では、年度内に三人が産休・育休をとる予定だったが、校長が市の教育委員会に相談すると「代役の非正規教員が払底して二〇人待ちだ」と言われたという。「学校で抱え込んでいてはだめだと思いました」と校長は話す。

協議会で苦境を訴えると、驚きの声が集まり、保護者のなかに教員免許を持つ人がいないかなどを調べることになった。保護者や地域住民が非正規教員の掘り起こしを教委に働きかけ、地元の市議会議員にも質問で取り上げてもらった。

そして保護者の知人で小学校の教員免許を持ち、非正規教員をやってもよいという人が一人見つかった。「貴重な一人です。あと二人、教委にも相談しながら見つけたい」と教頭も言う。

学校、保護者、地域住民がともに対応を検討する動きは始まっている。地域として保護者や住民もともに考え、解決策を探ろうとする取り組みは、教員不足を社会の問題として考える出発点になりうる。

教員の働き方改革に「非正規」は入っていたのか

ここまで解決に近づく道を探ってきた。

まず「教員不足」が非正規教員の不足であり、正規教員はまだ全体として不足していないことなど両者を混同しないことの重要性を述べた。非正規教員と正規教員の抱える問題は、非正規の場合、一九九〇年代から二〇〇〇年代の規制緩和があり、正規の場合はベテランの退場で採用者数が増えていることがあるなど問題の構造が異なるため、対策も違ってくるからだ。

実態をつかむため、毎年、さらには一学期だけでなく二・三学期も不足数を調査するなど、データを踏まえることが欠かせないことも強調した。

そのうえで、過去の規制緩和などの政策を検証し、正規教員の割合を高めるなど見直しにかじを切る姿勢も大切であることを述べた。そして文科省が非正規教員に依存する現状を変えようと、具体的な政策を示し始めていることも紹介し、大学教授ら民間からも体系的な政策提言が現れ、議論の素地が整ってきたことを示した。

そんななか、問題を直視し、教職員だけでなく子ども、保護者、地域住民も含めてオープンな議論を重ねていくことが重要であることを確認した。社会として問題を共有しなければ、前進は難しい。

機はようやく熟しつつあると言っていいだろう。

しかし、この地点に至るまでに少なくとも一〇年以上と時間がかかり過ぎたようにも思える。それはなぜか。

一つには、公立学校に正規教員として勤めている人が教員ととらえられ、それに比べて少数派である非正規教員の存在が過小評価されてきたという問題がある。

この間、教員不足がメディアで問題視されるようになるにつれて、学校外でもそのことを知っている人が一定数出てきていた。しかし、それが「非正規教員」の不足を意味していることまでわかっていた人は、社会のなかでどれだけいるだろうか。

ある私立大学の教員養成課程の教授が、「教員不足」の「教員」とはどんな立場の人かを三年生に問うた。すると、非正規教員の不足であることを知っていたのは二割に満たなかった。「うちの大学で、非正規教員になる卒業生は少なくない。しかし非正規という存在は、学生の視野には入っていない」と教授は話す。

教員の多忙問題についても考えてみよう。たとえばＯＥＣＤ（経済協力開発機構）のＴＡＬＩＳ（国際教員指導環境調査）の結果では、日本の教員が参加国のなかで最も忙しいことが示された。教員の仕事の魅力を発信しようと、文科省が二〇二一年春、ＳＮＳ上で始めた「#教師のバトン」プロジェクトが、過労死寸前の実態などを訴える教員からの発信で炎上したことも、教員の多忙の実態を浮かび上がらせた。

教員の労働の厳しさが広く知られるようになってきたこと自体は重要なことだ。それなしには、教職の現実をめぐる議論の土台すらつくることができなかったからだ。ただ、この間、教員の多忙が問題にされていたのは正規教員が中心ではなかったか。

「#教師のバトン」のさまざまな訴えのなかには「非正規なのに部活を担わされている」「多忙なのに来年度どうなっているかわからず不安」といった、非正規教員が発信したと思われる声もいくつかあった。ただ、非正規問題はムーブメント全体のなかで、なかなか注目を集めなかった。「多忙が問題視される正規の先生がある意味、うらやましい。僕たちは問題にさえされない」とは、ある非常勤講師の声だ。

子どもへもたらす影響という大問題

教員不足が社会問題になるのに時間がかかり過ぎた理由のもう一つは、教員不足の問題を教員の労働問題としてとらえても、子どもが学ぶ権利の問題としてとらえる視点が、筆者も含めて弱かったという点がある。

非正規雇用の比率が高まっている問題は民間企業だけでなく、司書や窓口の相談員ら公務員にも幅広く及んでいる。自治体は、財政の悪化で正規職員の増員が難しくなった一方、必要とされる公共サービスは増えたため、非正規の職員を増やしてきたからだ。そうした一つに学校の教員があり、非正規教員の不足の影響が広く及んでいることは幾度となく強調した。

職場で病休の教員が出ても、代役の非正規教員が来ず、正規である担任や教頭らがカバーするうちに過労となり、次の病休者が出るという「連鎖休職」が起きた事例については、

第二章で紹介した。非正規教員の不足が起きると、学校は働き方改革どころではなくなる。その影響は決して小さいとは言えない。そんな不足の実態を、正規教員や非正規教員たちから聞き、筆者はそれを記事にしてきた。

しかし、子どもの立場から教員不足を考えるという視点を加えたとき、教員不足の問題はいっそう深刻なものとして立ち現れる。教員不足の当事者、一番の被害者は子どもであるのに、その取材が決定的に不足し、社会への発信が遅れたことは筆者の限界である。

いじめや「ブラック校則」と呼ばれる理不尽な校則、教育格差といった教育をめぐる社会問題は、いずれも子どもたちへ深刻な影響を及ぼすものだ。教員の多忙問題も、授業準備にかける時間がとれずに授業の質が確保できなかったり、子どもたちと向き合う時間がなく必要なケアが行き届かなくなってしまったりする。

教員不足もこれらと同様、子どもに大きな影響を与え、今後も長期的に学校教育上の大きな問題となっていく可能性が高い。このまま進んでいくと、諸外国の事例のように、「今年は先生がいないので音楽の授業ができない」「社会の授業ができるのは先生が来る六月になってから」といった事態になっていく恐れすらある。学校教育における問題を紐解いていくと、結局のところ苦しむのは子どもなのである。

取材のなかで子どもたちから何度も聞いたのは「なぜ、うちらだけ」という言葉だった。

教員不足は、子どもには一切責任がない。たとえば小学校の場合、たまたま自分のクラスの担任が休んだことで、入れ替わり立ち替わり他の教員がやってくることになる。「困ったときにどの先生に相談すればいいの？」「結局、誰も見ていてくれない」。子どもたちから出てくるのは、見放されている、見捨てられているという言葉である。これで自己肯定感を持つのは難しいだろう。担任が代わるたびに別れを惜しんで泣く子どもたちの話を聞くと、胸が詰まる。

プリントの自習が続くことで、学ぶことの楽しさを味わえないという問題も大きい。「学校で宿題をやっているようで、つまらない」と言った子どももいる。「他の学級から話し合いの声が聞こえると、うらやましいと思った」と言う子もいる。学校の当たり前の日常が子どもから奪われることの影響は大きい。

子どもの目の前に教員がいないということは、子どもが学ぶ時間、育つ時間そのものが奪われることにほかならない。国は、子どもが住んでいる場所にかかわらず、日本のどの地域にいても一定水準の教育を受けることができるようにするため学習指導要領を決め、それを踏まえた検定済みの教科書を配付してきた。しかし、教育改革として学習指導要領をいくら改訂し教科書をいくら改善したとしても、それを使って教える教員が教室にいなければ、子どもには届かないのだ。教員不足が影響を及ぼす人数や範囲は大きい。一人の教員不足が影響を与える子どもの数は、多くて一クラス四〇人いるからだ。

公教育が崩壊しつつある

教員不足が起きている教室では、憲法が規定する「教育を受ける権利」が損なわれ、義務教育、公教育が崩壊しつつあると言っても言い過ぎではない。

直接の当事者である子どもやその保護者、教員たちはこの問題にかかわらざるを得ないが、そうした人々だけの問題として考えるレベルを、この問題はとうに超えてしまっていると言っていい。

公教育は子どもたちが学び、健やかに育つことを保障する制度であり、未来の社会をつくり出す制度である。それが揺らぎ、穴が空き、壊れつつあるとすれば、こうした現状に、だれもが他人事でいることはできないだろう。

先生が足りない――。この問題を「非正規教員の問題」としてとらえるだけでは足りない。ことは「子どもの問題」であり、さらには「公教育の危機という問題」なのである。

教員不足を切り口にした公教育の危機の問題に対して、これまでの調査や研究は十分とは言えず、いまやっと出発地点に立った段階である。

ことの大きさを考えると、問題の実態や構造が明らかになるのはこれからと言っていい。そして明らかになったとしても、すぐに改善できるというわけではない。

全国の学校で生じている教員不足、教員免許の取得者や採用試験の受験者が減り続けている「教職離れ」の傾向、働き方改革を進めているとはいえ、いまなお過労死レベルの教員の労働時間、増えていく学校現場での病休。どの観点をとっても「教職の魅力の発信」や小手先の制度変更だけでは対応しきれない問題であることは明らかだ。

しかし、ことは急を要する。既に「先生が足りない」学校現場が生じ、始業日から担任がいないクラスも出ている。早期に対策を打たなければ、歯止めをかけることができない。いまは出発地点であると同時に、これ以上、日本の公教育を危機にさらさないための重要な一地点でもある。

先行きの暗いなか、このまま道なりに進んでいくのか。それとも、これまでたどってきた道を徹底的に見直し、別の道筋を模索するのか。

私たちはいま、曲がり角に立っている。

あとがき

失敗を何度重ねてきたのだろう。原稿を書き終えていま、そう思う。

この本は、「先生が足りない」という問題をめぐる筆者の失敗日記でもある。

まず二〇〇七年、教員不足という事態が起きていることを全日本教職員組合の役員に教えてもらいながら、へぇ、そうなのか、と驚いただけで、取材に動かなかったことから始まる。これが一つ目の失敗だ。

続いて自分の記者としての感覚の鈍さを思い知らされたのが、二〇〇八年に放送されたNHKのクローズアップ現代「教育に穴が空く～〝非正規〟教員　依存のひずみ」だった。番組は、広島県で正規教員の代役を務める非正規教員が足りないことにより、学校現場で何が起きているかを映像で描いていた。黙するしかなかった。

そこから、では、全国ではどうか、と全都道府県・政令指定都市を調べることになる。その調査の結果を二〇一一年、朝日新聞の一面トップで報じたが、読者の反応はゼロに等しかった。

なぜなんだろう、と疑問を抱いた。自分自身も、非正規教員が不足していると最初に聞いたとき、反応が鈍かったくせに。そして、ただ残念に思っただけで深掘りの取材をすることもなく、テーマを寝かせた。これが二つ目の失敗だ。

さらに二〇一八年、報道各社の調査で、問題が別次元に入ったことに気付かされる。非正規教員が学年の初めから足りず、学級担任が決められない状況は、最初に調査の記事が載った二〇一一年ごろには聞かれなかった事態だ。

しかし各社の報道を見た筆者は当初、なぜ、いまごろになって調べているのか、と思ったまま調査の機を逸した。これが三つ目の失敗だ。

同年の八月には中央教育審議会で、一部自治体の教員不足に関する調査が報告される。翌一九年、教育班の同僚たちの協力を得て朝日新聞の独自調査が実現し、結果の記事が新聞の一面に掲載された。二二年には文部科学省の初めての全国的な教員不足調査の発表があり、掘り下げて記事にした。

しかし、自分の取材には、なお問題が残っていたと言わざるを得ない。子どもたちの声の取材が足りなかったことだ。

気付いたのは本書の原稿を書いているときのことだ。これまでの教員不足に関する取材を振り返ると、児童生徒の声が少なかったことがふと気になった。

非正規教員の不足の問題は、多くは大人の問題として扱われてきた。教頭や教務主任までが代わりに授業をし、同じ教科の教員が受け持ち以外の授業を担うことで負担が増え、病休が連鎖する。そうした教員たちの労働問題はたしかに深刻だが、先生が来なかった当の子どもたちはどうだったのか。それを聞かないでどうする、と途中から取材を重ねた。

子どもへの取材には保護者の了解が欠かせず、人探しが難しい。いざ出会えても、子どもたちは記者の意図を敏感に察し、それに似合った答えを探して話すことが多い。そうではない取材にしたい、と極力質問はせず、何が学級で起きていたかを思い出しながら話してもらうことにした。

そうして彼らの口から語られたのが、「どうしてうちらだけ」「自分たちは見捨てられた感じがした」「うちらのクラスは捨てられた」といった言葉だった。

一学年のうちで担任がくるくる替わる、教頭が配るプリントに取り組む時間が続く。せっかく学校に来ているのに、先生と、友達と語り合う学習が成立しない。それが毎日続く。そんな経験をした子どもたちのなかには「大人がなんとかできないのか」という怒りの感情をぶつけてくる子もいた。

彼らのそうした言葉に出会ったとき、筆者は、これまでの失敗よりさらに大きな衝撃を受けた。

「先生が足りない」。その一番の被害者は子どもであるのに、子どもたちの視点をなぜもっと持てなかったのか。二〇〇七年から問題に気付きながら、なんとかできなかったのか。もっと早くから問題を提起できていれば、社会が注目する時期が早まったかもしれない。そうすれば、国の全国調査ももっと早く実現したかもしれないのに。

「大人がなんとかできないのか」という彼らの怒りは、筆者にも向けられている。子どもたちの話を聞きながら、そうした悔いで奥歯をかみしめた。

さらに帰りの電車のなかで考えた。子どもにとって、先生が正規か非正規かという区別より、まず大きいのが、先生がいないという事実だ。先生の不在は、子どもたちがいる場が学校ではないことを意味する。学習指導要領をいくら精緻化しても、教科書をデジタル化しても、先生がいなければ始まらない。

教員があちこちでいないという「穴」の大きさに向き合ったとき、見えてくるのは、全国に張り巡らされていると思われていた日本の公教育の網目にほころびが生まれ、穴があちこちで空き、広がっているという現実である。

非正規教員の不足の取材を通じて見えてきたのは、日本の教育全体の課題でもあった。

それを改めて書くことで読者の方々と共有したい。

一つ目は、学校が問題を抱え込みがちなことだ。これは一九九〇年代末に問題化した「学級崩壊」の取材でも感じた。あるクラスの授業が成り立たないのに、学級が崩壊している事実がなかなか保護者らに知らされない。

「親に伝えたら突き上げられるのではないか」という学校のおびえと、「学校はどうせ教えてくれない」という保護者の不信と。その構図は今回も当てはまる。学校と保護者、学校と地域の連携が語られ続けたこの二〇年あまりだったはずなのに、なおその構図が残っているとしたら、事態がいよいよ手がつけられなくなってからでなければ、問題が学校の外に出てこないことになる。この不信の構図は、なんとしても乗り越えたい。

二つ目は、教育がデータでなかなか語られないことだ。今回も、国が全国調査に立ち上がるまで、筆者の最初の記事から数えると一一年たった。教員不足の正確な調査は、教員定数の知識がなければ実施できない。しかも、その定義をめぐって自治体間に認識の差があるとき、国がそろえようとしなければ、結果は正確さを欠く。

文科省が、かつてデータの重要さを思い知らされた場面は少なくとも二回あったと思う。一つは一九九〇年代末から「ゆとり教育」批判が起きたとき、反論しようにも学力を測ったデータが足りなかったという場面だ。二つ目はこの本でも触れた制度だが、公立学校の教員の給与を国が一部負担する「義務教育費国庫負担金」が、小泉純一郎内閣の構造改革のなかで廃止されようとした場面だ。二〇〇五年当時、中央教育審議会の特別部会を取材したが、たとえば「地方の義務教育の人件費負担を試算したうえで議論しよう」といった「エビデンス・ベースド」(科学的根拠に基づく)の議論を求める発言が委員の間で飛び交っていた。しかし、この言葉はやがて聞こえなくなった。国の負担割合が二分の一から三分の一に減らされながらも、制度が何とか生き残ったからだ。

もし文科省に「エビデンス・ベースド」の精神が生きているとするなら、教員不足の全国調査は翌年も継続してしかるべきだったし、毎年でないにしても定期的に行うべきだ。教員不足がより悪化していると想定される二・三学期の実態がつかめるような調査も必要だ。研究者の助言も得て再度取り組んでほしい。国にしかできない調査である。期待したい。

そして三つ目は、教育の議論が通常の学級中心になり、特別支援教育の問題の深刻さをわかりながら、どこか特別なものとして通り過ぎてしまうことだ。

非正規教員の不足は、特別支援学級が最も深刻だ。非正規教員の不足の引き金の一つが、弱視、難聴など種類別に分かれた特別支援学級の少人数の学級編制にあることは、この本でも繰り返し指摘した。きめ細かいケアが特別支援教育に欠かせないことは言うまでもない。しかしそのクラスを研修を重ねることができる正規教員がなかなか担当していない。学級数が定まらず流動的になってしまうことを理由に、研修の機会に恵まれない非正規教員が担っている。その現実を放置することは許されるものではない。

これらの課題はいずれも、非正規教員の不足というテーマに限らず、日本の教育全体が問題として抱え続けていることだ。一つひとつ乗り越えなければ、教員不足の解決は難しい。

教員不足は各国の課題でもある。それは正規教員の不足の域にまで達し、公教育の崩壊につながっている。いま、日本はそれを回避できるかどうかの瀬戸際に立っている。どうすればよいか、皆様と語り合いながら考えていきたい。この本がそのきっかけになれば、こんなにうれしいことはない。

最後に、取材にこたえてくださった方々にお礼を述べたい。多忙を極めるなか、「実は」と現実を語ってくださった先生方、つらい思い出を振り返りながら語ってくれた子どもたちや保護者の方々、財政難の下、子どもたちの教育環境をなんとかしたいと思っている文部科学省や教育委員会の方々、そして現実を掘り起こし、政策提言に結びつけている研究者の方々……。お一人お一人のお名前は挙げないが、皆様のお話がなければ、この本は世に出なかった。ほんとうにありがとうございました。

二〇二三年二月

氏岡真弓

氏岡真弓

岡山県出身．1984 年に朝日新聞入社後，水戸支局員，横浜支局員，社会部員，論説委員を経て現在編集委員．教育分野を担当．共著に『学級崩壊』(朝日新聞社)，『権力の「背信」』(朝日新聞出版)，『脱「学級崩壊」宣言』(春秋社)，『いま，先生は』(岩波書店)，『失敗だらけの新人教師』(大月書店)などがある．

先生が足りない

2023 年 4 月 12 日　第 1 刷発行
2023 年 6 月 15 日　第 2 刷発行

著　者　氏岡《うじおか》真弓《まゆみ》

発行者　坂本政謙

発行所　株式会社 岩波書店
〒101-8002 東京都千代田区一ツ橋 2-5-5
電話案内 03-5210-4000
https://www.iwanami.co.jp/

印刷・理想社　カバー・半七印刷　製本・松岳社

ISBN 978-4-00-061590-7　　Printed in Japan